岡本達彦
販促コンサルタント

「A4」1枚アンケートで利益を5倍にする方法

チラシ・DM・ホームページがスゴ腕営業マンに変わる！

ダイヤモンド社

はじめに

「本に書いてあった広告の方法を取り入れたが、まったく効果がなかった」
「広告制作会社に言われたとおりチラシやDMをつくってみたが、なかなか売れない」
「ホームページをつくってはみたものの、まったく反応が見られなかった」

そんな経験はありませんか？

当たり前のことですが、100社の会社が存在すれば、そこには100社それぞれの異なった魅力が存在しています。ところが、それを無視していくら他社が成功した事例のマネをしてみてもうまくいくはずがありません。自分のお店や会社をアピールするには、自社にピッタリ合った広告が必要になるのです。

私は現在、販促コンサルタントとして、全国の中小商店主や中小企業の社長に広告のつくり方をはじめとして、さまざまな販売促進の方法を教えています。

そこで、利益が上がらないと悩んでいる人に私が提案しているのが「A4」1枚のアンケートを実施することです。

「なぜ、売れる広告をつくるのにアンケートを取ることが必要なの？」と疑問を持たれる方も多いでしょう。

その理由は、**売れるチラシ・ＤＭ・ホームページをつくるために必要な情報は、あなたではなくあなたのお客様が持っている**からです。

だから、他社のチラシ・ＤＭ・ホームページをマネたり、自分で血の滲むような思いをして、ウンウン唸りながら必死でキャッチコピーをひねり出さなくても、自分のお客様に「どこがよかったのか」と自分の商品やサービスの魅力を単純に聞くだけで、売れるチラシ・ＤＭ・ホームページをつくることができるのです。

自社の魅力を伝えるための素材となるのが「Ａ４」１枚アンケート

あなたやあなたの会社が提供する商品やサービスが、お客様のお役に立てるということがお客様に伝わらなければ、売れることはありません。

この自社の魅力を広範囲に効率的に伝えるものが広告であり、その素材をつくるのが「Ａ

4」1枚アンケートなのです。

世の中には、本当によい商品やサービスを持ちながら、お客様に伝えることが上手くないばかりに、倒産してしまうお店や会社が非常に多いことに気がつきます。

本書は、広告を出しても売上や利益が上がらなくて苦しんでいるお店や会社を救いたいという一心で書きました。

販促コンサルタントとしての私の経験だけでなく、実際に利益が上がった事例や実例を豊富に掲載しています。

なので、マーケティングを勉強している時間がない方でも、すぐに実践できる内容になっています。また誰が読んでも理解できるように、難しいマーケティング用語や理論は極力使わないようにしました。

私の使命は、本当の販売促進のやり方を世の中に広め、すべての人が持っているよさを100%伝えられるようになり、求める側と求められる側がともに最高の商品、サービス、パートナーを見つけられる社会をつくることです。よい商品、よいサービスを世の中にお伝えできることの助けになれれば、これほどうれしいことはありません。

儲かるように変わる魔法の4つの質問

それでは、いよいよ本題に入っていきたいと思いますが、本書を読み始める前に、皆さんにぜひチャレンジしてもらいたいことがあります。それは、自分が今、抱えている問題点を明らかにして欲しいということです。

なぜなら、自分の中に何かテーマを決めて、意識してみることで、一見関係のないものが、そのテーマのもとに自然と集まってくるからです。

たとえば、電車に乗ったときに外の景色を見ながら「赤いもの、赤いもの」と思いながら外の景色を見てください。すると赤いクルマ、赤い看板などが通ったときに、それまで流すように見ていた自分の意識が急にその赤いものを捉えて、ずっと追っていきます。

このように人間は、意識した途端にその情報を集めようとするのです。

本を読むときも同じです。最初に目的を明確にして本を読むのと目的を明確にしないまま、ただ読むのでは受け取れる情報量が格段に違ってきます。面倒かもしれませんが、まずは、次の質問に従って自分の問題点を書き出してみてください。

①本を購入する前、どんなことで悩んでいました？

②どこでこの本を知りましたか？

③この本を知ってからすぐ購入しましたか？　購入しなかったとしたらなぜですか？

④何が決め手となってこの本を購入しましたか？

さて、書き出せましたか？

実をいうと、この質問がこの本のノウハウそのものなのです。その答えは、本書を読み進めれば分かりますが、まずは最初から本書を読んでいただき、理解を深めるようにしてください。真剣に書いてくださった人ほど、「なるほど！」と深い気づきがあります。なので本を読む前に必ず書いてください。

書けましたか？　それでは、いよいよ利益を5倍にするレッスンを始めましょう。

目次

第2章 これが岡本式「A4」1枚アンケートだ！

第3章　利益が5倍になる チラシ・DM・ホームページはこうつくれ！

第4章 あなたも実践！売れるチラシ・DM・ホームページの素材をつくってみよう！

第5章 「Ａ４」１枚アンケートをさらに活用する

プロローグ

これが、売上が上がった チラシ・DM・ホームページだ！

ケース1

チラシをつくり変えたら、売上順位が30位から9位にランクアップ！

「Ａ４」１枚のアンケートでつくったチラシ・ＤＭ・ホームページが、本当に利益を生み出すかどうか信じられないという人も多いかもしれません。そこで、まずは私がコンサルティングをして、実際に利益が上がった実例を見ていただきましょう。

最初にご紹介するのは、住友林業ホームサービスさんの売却不動産のチラシです（**図1**）。「土地や建物を売りたい方」向けにチラシを作成していたのですが、ほとんど反応がありませんでした。しかし、０件ではないので、契約してくれた数少ないお客様に「Ａ４」１枚のアンケートを実施しました。

すると、土地や建物を初めて売るお客様がほとんどで、自分の納得した価格で売却できるのかどうか不安であったといいます。

さらに、「同店には1回も訪れたことがないので、どんな人が対応してくれるのかわからない」「相談したら必ず売らなければならないような状況になってしまったら、どうしよう」と、恐れていたお客さんが多かったことが判明しました。

アンケートを取る前のチラシを見てみると、「売却不動産を求めています」「ご売却のご相

図1

Before

イ

After

ロ

利用してよかった！　というお客様の声を載せる

大きなキャッチコピーで商品を訴求したい顧客層へアピール！

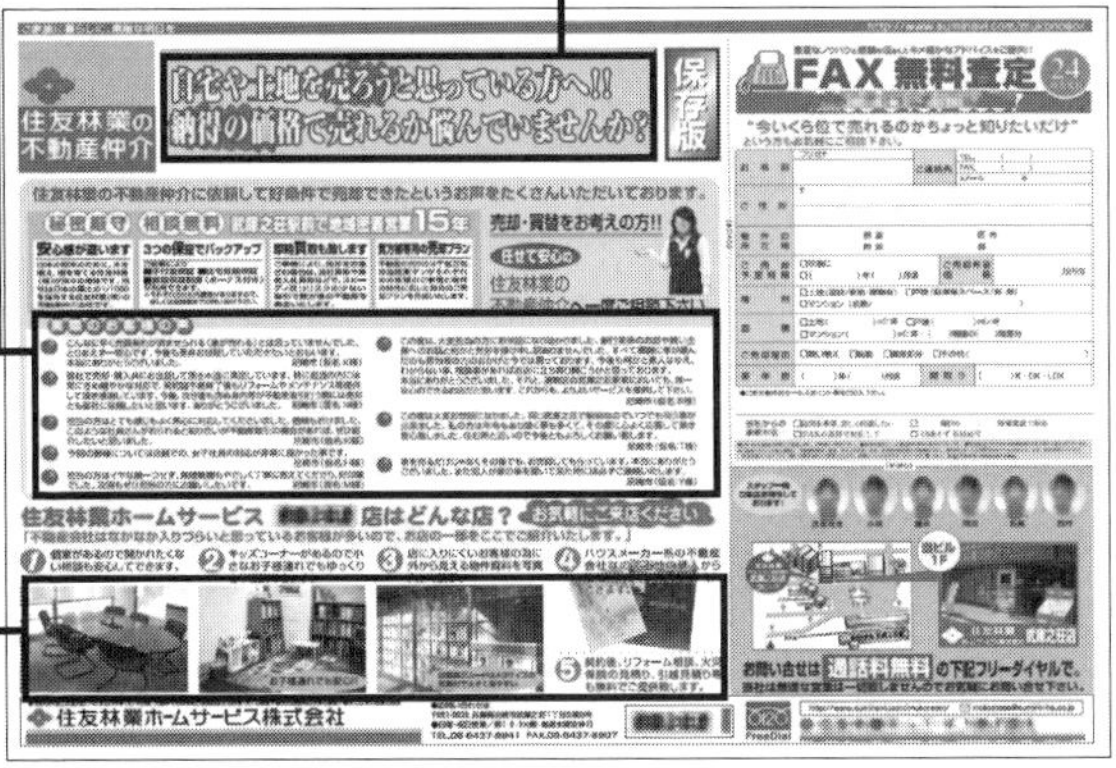

お客様の不安を払しょくするためにどのようなお店か写真でアピール

談は○○○○店へ」「無料のFAX査定のお知らせ」という文字が躍っています。これでは、お客様の不安を払しょくすることはできていません（**図1イ**）。

そこで、お客さんの気持ちになってチラシをもう一度つくり変えることにしました。「自宅や土地を売ろうと思っている方へ！　納得の価格で売れるか悩んでいませんか？」と、大きくキャッチコピーを目立たせることにしました（**図1ロ**）。

そして、相談は無料であること、お客様から相談された内容について他言しないことを明言。加えて、住友林業という有名なハウスメーカー系の不動産会社であるので他の不動産会社より安心であるということをアピールするとともに、相談を担当するスタッフの顔と名前まで掲載することにしました。

結果は大成功。

無料査定の依頼が殺到し、売却件数も新チラシ導入以降、飛躍的に増えました。その結果、いつも50店舗中30位前後を低迷していた売上が、50店舗中、9位までランクアップすることができたのです。

ケース2

1回のDMで1300万円の売上を上げたオール電化製品の事例

まだまだ信じられないという人のために、年間1～2台しか売れなかったオール電化製品が、1回のDMを出しただけで一気に何台も売れ、売上を1300万円に伸ばした実例をご紹介しましょう。

街の電気屋さんであるジョイ家電いまいさんは、もっとオール電化製品を購入してくれるお客様を集めたいと思ってDMを作成しました。ところが、問い合わせはゼロ。1台も売れませんでした。

そこで、以前購入してくれたお客様に「A4」1枚のアンケートを実施してみました。すると、購入してくれたお客様は、昨今の原油高によって高騰している光熱費をなんとか下げたいと考えて、オール電化製品を購入していたことがわかりました。

しかし、当初のDM（**図2イ**）は、1台98万円もするオール電化製品の費用対効果について詳しく書かれていなかったのです。

たしかに、以前のDMを見てみると、「オール電化セット、月々9800円より」というキャッチコピーしか書かれていません。これではオール電化製品のメリットが伝わらないだけでなく、費用ばかりかかりそうなイメージがあります。そこでアンケートの声をもとに、オール電化製品の費用対効果を大きくアピールする文章を掲載することにしました。

たとえば、「『灯油の価格どこまで上がるんや…』と思っている方、これを見ればスッキリします」（**図2ロ**）、「家族が4人以上で、『光熱費が高いわ～』と困っている○○町の奥様へ」（**図2ハ**）。

このキャッチコピーをもとに、詳細な費用対効果のデータをFAXを使ったDMで紹介することにしました。さらに実際に安くなった光熱費の領収書も掲載することで信ぴょう性を高めるようにしました。

このリニューアルしたDMを配布したところ、問い合わせが一気に増え、1台98万円するオール電化製品が、飛ぶように売れていったのです。

図2

Before

イ

After

ロ

ハ

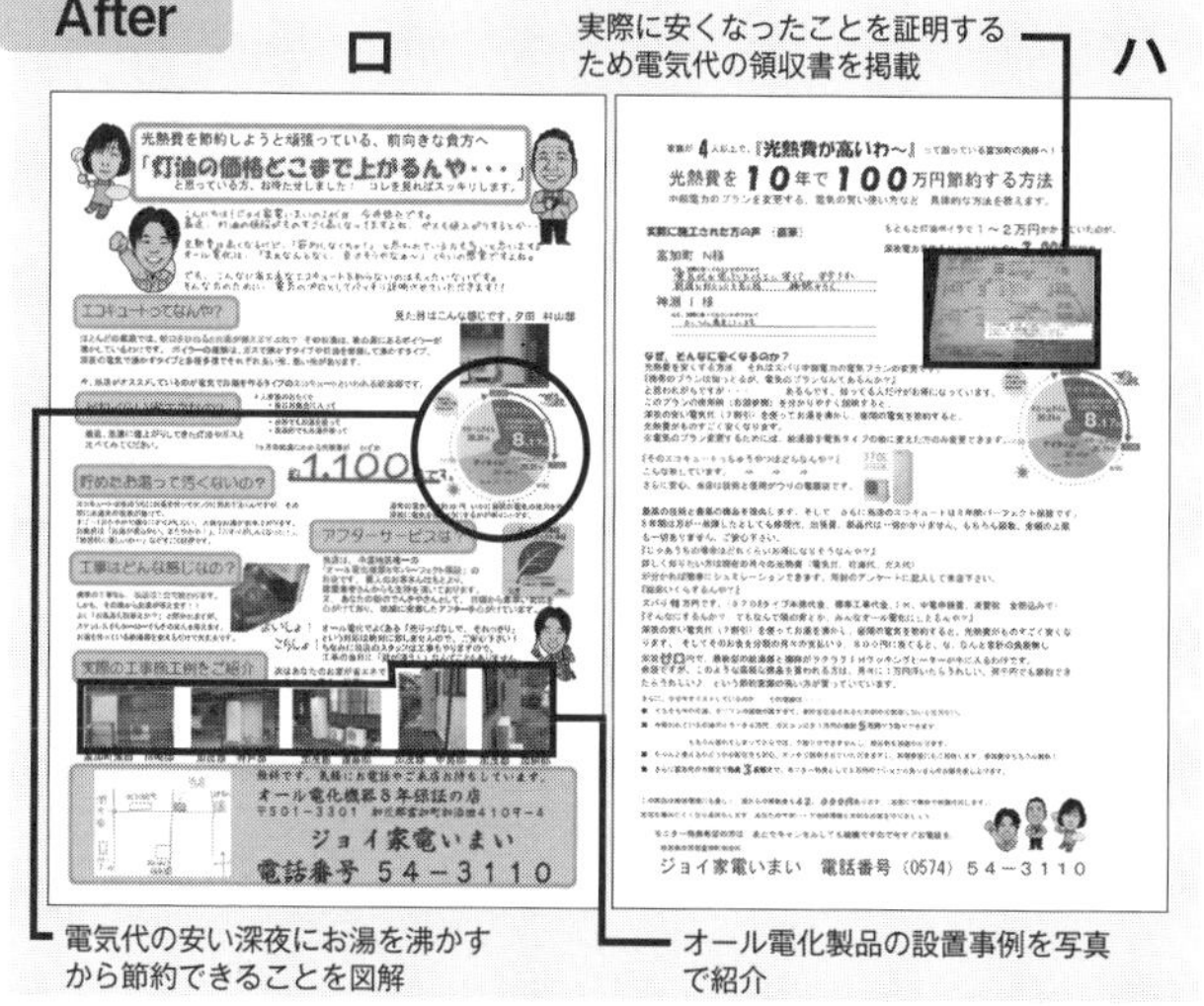

ケース3

売れない通販サイトが、毎月150人が商品を購入する人気通販サイトに！

最後に、毎月数人にしか売れなかった加齢臭専門の通販サイトが、「Ａ４」１枚アンケートを取り、ホームページをつくり変えただけで、毎月１５０人の新規客が購入することになった実例をご紹介します。

加齢臭対策のサプリメントを販売している株式会社ＭＦＣさんは、通販サイトをつくってもほとんどお客様からの購入はありませんでした。そこで、数少ない購入者に「Ａ４」１枚アンケートを実施しました。すると、加齢臭で深刻に悩んでいるお客様の実態がわかったのです。加齢臭は、年齢とともに身体の栄養バランスが崩れることで起きる現象です。そのため、毎日きちんと身体を洗っていても加齢臭は発生してしまいます。アンケートには、奥さんや娘さんの近くにいると、「お父さん臭い」と、いつも嫌がられると真剣に悩んでいるという切実な悩みが記されていました。

なぜ購入に至らなかったのかというと、頻繁にサプリメントを購入した経験がないため、本当にサプリメントなんかで効くのかどうかがわからないこと。そして、会社自体の信用性について不安を抱いているお客様が多かったということが判明しました。

このアンケート結果をもとに、以前のサイトを検証してみると、サイトのつくりが女性向けの化粧品のサイトのようなつくりになっていることがわかりました（**図３イ**）。

たとえば、商品掲載数が多くキャッチコピーも「身だしなみ」や「内面と外面のＷケア」という化粧品のキャッチコピーに似ているものが使われていたのです。これでは、真剣に加齢臭のことで悩んでいるお客様の心を動かすことはできません。

そこで、サイトの構成を大きく変えることにしました。

「自分の加齢臭をなんとかしたい！　と深く悩んでおられる方へ、ニオイを気にすることなく生活してみませんか？」と、**お客様の悩みに訴求するキャッチコピーをつけました**。

そして、購入の不安を払しょくするために、マスコミ掲載の実績をホームページの最初の方でアピール。商品・効果には自信があったので効果がなかったら返金しますと謳いました（**図３ロ**）。こうしてアンケートの素材をもとにホームページをつくり変えたところ、それまで購入者は月数人であったのに対して、毎月１５０人の新規客が購入してくれる人気サイトに生まれ変わることになりました。

図3

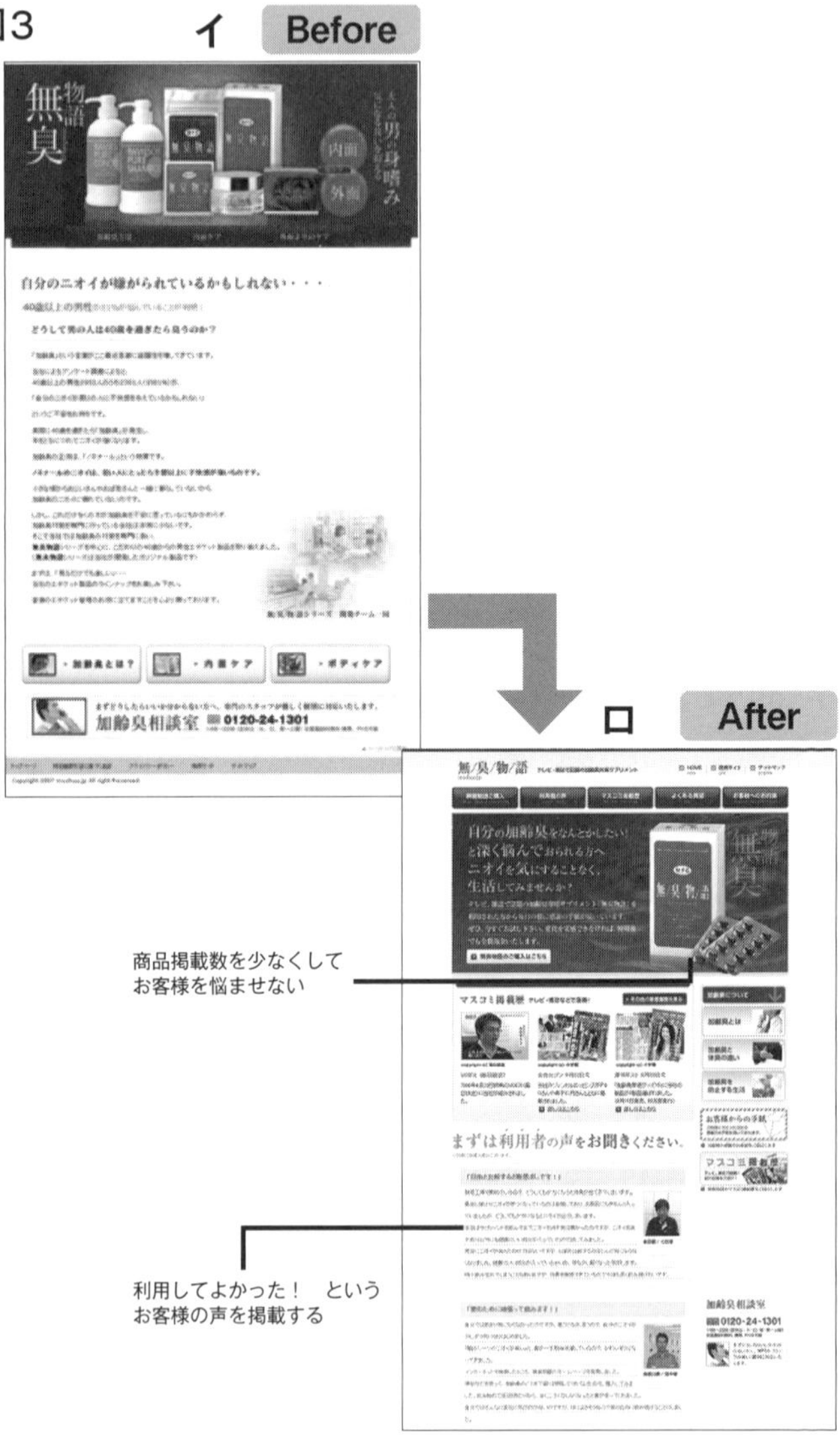
イ
Before
無臭物語
自分のニオイが嫌がられているかもしれない・・・
加齢臭相談室
0120-24-1301
ロ
After
無/臭/物/語
自分の加齢臭をなんとかしたいと深く悩んでおられる方へ。ニオイを気にすることなく、生活してみませんか？
まずは利用者の声をお聞きください。
加齢臭相談室
0120-24-1301
商品掲載数を少なくして
お客様を悩ませない
利用してよかった！　という
お客様の声を掲載する

「A4」1枚アンケートを使うだけで、なぜこんなに売れるようになったのか？

これまでの3つの実例を見ておわかりのように「売れる広告」と「売れない広告」の差は、**お客様の気持ち（悩み、欲求、不安など）をよく理解し、チラシ・DM・ホームページに反映できているか、できていないかの差**なのです。

実をいうと、昔の魚屋さんや八百屋さんは、接客のなかで自然にお客様の気持ちを拾い集め、その情報をごく自然に販売促進活動に活かしていました。

ところが、大量生産、大量消費の時代になってくると、個別のお客様の気持ちを拾い集めるよりも、平均的なお客様のモデルケースを想定し、そのモデルケースが好む嗜好パターン、行動パターンに沿った統一的な生産体制や流通体制を整えたほうが、非常に効率がいいということになりました。

ところが、モデルケースはあくまでもモデルケースにすぎないのです。

「お客様はこう考えているだろう」という勝手な予測で販売を継続しているわけですから、次第にモデルケースとのずれが生じてきます。

特に、ここ最近は、好みが細分化しており、そのズレが非常に大きくなっているのです。

これが、モノが売れないという顧客離れの主な原因です。

売れないチラシ・DM・ホームページも同じです。

「○○は売れるだろう」「○○は売れないに違いない」という思い込みでつくっているから売れないのです。

皆さんがチラシ・DM・ホームページを「○○は売れるだろう」「○○は売れないに違いない」という思い込みでそのようにつくっているのであれば、本書を読んだことをきっかけに、そのような考えは一切捨ててください。

それが売れるチラシ・DM・ホームページをつくるための最初の一歩なのです。

お客様の視点を取り入れたことで月間来場者数が日本一になった動物園の話

マキノ雅彦監督の『旭山動物園物語　ペンギンが空をとぶ』という映画は、閉園寸前であった北海道旭川市にある旭山動物園が、「行動展示」という画期的な方法で、月間入場者数で日本一となるサクセスストーリーを描いた作品です。

行動展示とは、動物の行動を展示するもので、旭山動物園には、夜行性の動物の行動を見ることができる「夜の動物園」をはじめ、水中トンネルでペンギンの遊泳を見せる「ぺんぎん館」、綱を渡って餌をとりに行く「オランウータン空中運動場」、大迫力のダイビングが目の前で見られる「ほっきょくぐま館」など、新しい斬新な展示方法が採用されています。

前園長の小菅正夫さんは、行動展示のアイデアをお客様の視点に立ったことで生み出したといわれています。お客様の立場で動物園を見たときに、ちょうど子どもや車椅子の方が動物を見る高さに、柵があって見えなかったことがわかりました。さらに、餌を与える飼育係がいつもゾウ舎の中にいたために、ゾウがいつもお客様のほうにお尻を向けていたということがわかりました。そこで、柵の高さを見えるように調整したり、飼育係が外に出て餌をやったりすることにしたといいます。

また、シカは角が成長すると、ケガをしないように角を切る必要が出てきますが、この角切りも以前はお客様の見えないところでやっていたそうです。しかし、お客様の目の前でやってみると人だかりができ、角を切り終わると拍手まで起きたそうです。

このように、お客様の立場に立つことで、旭山動物園は、月間来場者数日本一を獲得しました。お客様の立場に立つことによって、本当にお客様に喜んでもらえる方法を見つけることができるのです。

しかし、お客様の立場に立つというのは、簡単なようでなかなか難しいことでもあります。特に、日々さまざまな業務で時間を取られてお客様となかなか接することができない経営者の方、社内で販売促進を担当しているものの、なかなかお客様と話す機会がないという方などは、効率的にお客様の声を拾うのは難しいと思います。

そこで、**効果的にお客様の声を集めることができるのが、「Ａ４」１枚アンケートなのです**。このアンケートを使えば、お客様が望んでいること、困っていることが手に取るようにわかり、自分の商品やサービスの向上や販売に活かすことができます。

大企業でもお客様の気持ちを汲み取らなければ、効果が出にくい

私がある広告制作会社で某カーディーラーの広告担当であったとき、同社の軽自動車がフルモデルチェンジを行いました。

軽自動車ということで、メインターゲットの女性に気に入ってもらえるように、「バニラ」や「抹茶」「チョコレート」などのお菓子の名前がついたボディカラーをウリにしていたのです。

私たち広告制作会社もボディカラーをいかに伝えるかということを考えて、チラシにお菓子の写真やイラストを掲載したりして作成をしていました。

ところが、予想に反して、カラーリングで押せば押すほど、反応がよくありませんでした。

そこで、なんとか打開策を求めるためにモデルチェンジ後の軽自動車をよく売っている営業マンに直接会って、話を聞くことにしました。

すると、営業マンは、次のように話してくれました。

「カラーリングの話なんてまったくしません。お客様には、ドアを開け閉めさせるだけで

す。他の軽自動車はドアを開け閉めすると、乾いた安っぽい音がするのですが、この車は、高級車のような低い音がします。娘さんと一緒に車を見に来た親御さんに向かって『うちの軽自動車は、ほかの軽自動車と違ってつくりがまったく違うんです』というと、すぐに契約してくれますよ」

つまり、お客様（今回の本当のお客様は娘さんではなく親御さん）にとっては、カラーリングよりも安全性により深いニーズを感じていたということなのです。娘さんがいらっしゃる方なら、この気持ちはわかると思います。

このように大企業でも、お客様を見ていないと広告の打ち出し方を失敗してしまうことがあるのです。

大企業であれば、まだ失敗しても余力があるので大丈夫でしょうが、余力のない小さなお店や中小企業は、このようなミスを犯したら、致命傷になりかねません。

だからこそ、**「お客様が何を求めているのか」「自社の強みは何なのか」を常に把握することが大切**なのです。そして、**それが広告づくりの第一歩**になるのです。

第1章

「A4」1枚のアンケートを用いる5つのメリット

「A4」1枚のアンケートを用いる5つのメリット

売れるチラシ・DM・ホームページをつくるためには、チラシ・DM・ホームページの中にお客様の気持ちを反映することが大事だと前章で申し上げました。

しかし、闇雲にお客様の声を拾い上げても、お客様の気持ちを反映することはできません。

そこで、「A4」1枚アンケートを活用して、チラシ・DM・ホームページに使える情報をお客様から拾い上げるのです。

この「A4」1枚アンケートをうまく活用すると、単純にチラシ・DM・ホームページに活用できる情報を拾い上げられるだけでなく、次のような5つのメリットがあります。

メリット1

自分のお客様の購入プロセスが理解できる

売れるチラシ・DM・ホームページをつくるうえで、自分のお客様の悩みや欲求を知ることは非常に重要です。なぜなら、お客様の困っていることや望んでいることを解決する方法をチラシ・DM・ホームページによって教えてあげれば、誰でも喜んで買ってくれるようになるからです。

どんな美辞麗句でキャッチコピーを考えても、実際にお客様に購入を促した「生きたキーワード」には勝つことができません。お客様が何に悩んで、それをどう解決したかという購入プロセスを検証し、お客様が次の行動にスムーズに移れるためのチラシ・DM・ホームページを考えること。これこそが、本来あなたに合った広告のつくり方なのです。

あなたのお店や会社のリピーターになってくれているお客様は、あなたの商品やサービスが、どういうプロセスを経て購入されるかということを実証した生き証人です。だからこそ、**お客様から購入プロセスを直接聞き取ることは、売れる秘訣をお客様から教えてもらうのと同じこと**になるのです。

ただし、単純に聞いても購入プロセスはわかりません。なぜならば、お客様は自分の購入プロセスをハッキリと意識しているわけではないからです。そこで活用してもらいたいのが「A4」1枚のアンケートというわけです。

ここである事例を紹介しましょう。

背脂たっぷりのラーメンを提供している、あるラーメン店の隣には、飲料の自動販売機が「脂肪吸収を抑える烏龍茶」との目立つPOP入りで置いてあります。

このため、この自動販売機の売上は、近隣の他の自動販売機と比べると飛躍的に伸びているそうです。爆発的な売上の秘密は、お客様の悩みや欲求を見越したうえで書かれたキャッチコピーです。ラーメン店に並んだお客様は次のように考えます。

①「こってりしたラーメンを食べに来たはいいが太るだろうな……」
②「んっ！　脂肪吸収を抑える烏龍茶？」
③「ちょっと高いが効果はありそうだ」
④「悩むよりもこのぐらいの値段の違いなら買った方がいい。買おう」
⑤「（実際に食べてみて）うわっ、思ったよりこってりしている。脂肪吸収の烏龍茶買っておいてよかった！」

店主はこうして、「こってりしたラーメンを食べたいが太りたくない」というお客様の悩みに目をつけて、「脂肪吸収を抑える烏龍茶」のＰＯＰを自動販売機につけたのです。

ここでもし、店主はお客様の購入プロセスに目をつけなかったらどうでしょうか？

そもそも店の隣にある自販機には、脂肪吸収を抑える烏龍茶などは置かずに、普通のジュースを入れたかもしれませんし、もし、烏龍茶を置いたとしても、わざと目立つようにキャッチコピーの入ったＰＯＰは置かなかったかもしれないのです。

広告の中にお客様の購入プロセスを見抜いた仕掛けがあるか？

他にもこんな実例があります。

あるレンタルビデオ店のレジの横には「映画のお供に」とスナック菓子や飲み物が置いてありますが、これが定価なのにもかかわらず非常によく売れるといいます。

このレンタルビデオ店の近隣には夜遅くまでやっている店がなく、夜中にお菓子や飲み物を購入しようと思った場合には、少し離れたお店まで買いに行かなければならないのです。わざわざ買いに行く手間を考えれば、お客様は定価でも喜んで買っていってくれるというわけです。これもお客様の購入プロセスを見抜いた販売促進方法のひとつであるというわけです。

思わず買ってしまう名チラシ・DM・ホームページの背景には、必ずお客様の購入プロセスを見抜いた仕掛けが存在しているのです。

メリット2

「A4」1枚アンケートで自社の強みがわかる

自分のお客様の悩みや欲求を理解してないということは、別の言い方をすれば、自社の強み、つまり何を伝えればいいかがわかっていないことと同じことです。

強みが明確になっていない状態で、自分の経験や先入観などで広告をつくっても、自社の商品が売れないだけでなく、下手をすると他社のよさをアピールする結果になってしまうことがあります。

たとえば、自分のお店や会社の商品やサービスのウリがよくわからないので、価格の安さをウリにしたキャッチコピーをつくるとしましょう。すると、これを見たお客様は当然のことながら、価格に目が行ってしまいます。

そして、もっと安いところはないかと探し続けることになります。これではお金をかけてチラシを打ったり、ホームページをつくったりしても意味がありません。たくさんのお客様を集められる広告をつくるには、まず自社の強みを発見することが大切なのです。

しかし、ここで勘違いをしてはいけないのが、自分で自社の強みを考えようとすることです。残念ながら考えてもわかりません。なぜなら、本当の強みとは無意識レベルにあるものが多いからです。無意識レベルにあるので、いくら自分で考えても理解することはできません。

自社の強みは、お客様の購入プロセス、つまりお客様目線を知ることによって、初めてわかるものです。それは自社がなぜ儲かっているのかということを知ることにもつながります。

内部からの目線では強みはわからない

強みを知ることで売上を伸ばした、ある英会話スクールの実例を紹介しましょう。このスクールは設立当初、周辺にライバルも少なく、順調に生徒も増えていました。その後、競合他社が増えたことで生徒の数はピーク時の30%も減ることになりました。このことに危機感を感じた経営者は、スクール費用を安くしてキャンペーンを行い、タウン誌にその広告を出しました。するとスクールを見に来るお客様は急増したのですが、成約するお客様はいませんでした。

「Ａ４」１枚アンケートを取ってみて、原因は自分のターゲットとすべきお客様と異なるお客様に対して、アプローチをかけていたことがわかりました。

経営者は気がついていませんでしたが、この英会話スクールは、他のスクールと異なり、英語を学べるだけではなく、文化や習慣なども教えてもらえることで生徒さんから選ばれていたのです。教室は、非常にラグジュアリー感に満ちており、生徒さんも、初めて英語を学ぶ人よりも、英語をさらに上達させたいと考えている生徒さんが中心だったのです。

つまり、この英会話スクールのメインのお客様は、タウン誌を見て来るような学生や主婦ではなく、経営者やキャリアウーマンといった高所得者層であったというわけです。

ただ、英語を学ぶだけでなく英語圏の文化や習慣なども教えてもらえるという強みは、文化や習慣を教育プログラムに組み込んでいる英会話スクールの経営者からすれば当たり前になっていることなので、それを教えていることが強みだとはわからなかったそうです。

このように、内側からの目線では当たり前すぎてわからないものです。だからこそ、「Ａ４」１枚のアンケートを取って、お客様の声から判断する必要があるのです。

メリット３

「A４」１枚のアンケートがあれば、広告の費用対効果を高められる

「A４」１枚のアンケートによって、自社の強みがわかっていれば、広告制作会社や印刷会社、ホームページ制作会社に広告作成をお願いする場合でも、費用対効果の高い広告が仕上がります。しかし、自社の強みがわかっていなければ、当然ながら費用対効果の非常に悪い広告しかできません。

ここで失敗例を見てみましょう。この失敗例は私が実際に体験したことです。

広告制作会社に勤める前、私はある設計事務所に勤めておりました。その設計事務所は、某大手ハウスメーカーから設計の依頼が来るぐらいの実力のある設計事務所でした。あるとき、設計の仕事だけでは、なかなか利益が増えないので、家を建てるお客様をターゲットに新規に開拓しようと初めてチラシをつくることにしました。広告制作会社にお願いして、約２００万円をかけて、真ん中に「匠」の筆文字。下にはパースのイメージ写真が入った美しいデザインのチラシが出来上がりました。これだけお金をかけて綺麗なチラシをつくったのだから、対応しきれないほどの注文が来ると考えていました。しかし、現実は非常に厳しいものでした。注文はおろか、なんと１件も問い合わせがなかったのです。

なぜ、このような結果になってしまったのでしょうか？

その理由は、広告制作会社は、私たちの設計事務所がどんな理由でお客様から選ばれているのか、つまりどんな強みを持っているのかわからなかったからです。

もちろん、我々もよくわからないまま、高級感を出せばいいいんじゃないかと、先入観や根拠のない予測でチラシをつくってしまった結果、1件も問い合わせが来ないという最悪の状況を招いてしまったのです。

「A4」1枚のアンケートで購入プロセスをすべて把握できる

このように自社の強みを自分で知っておかないと、広告制作会社や印刷会社、ホームページ制作会社に頼んでいくら販促費用をかけても、効果が出ないのです。販促費用はかけようと思えばいくらでもかけられます。問題は費用対効果を見極めながら、販促活動を行っていく姿勢が重要なのです。

そんなときに「A4」1枚のアンケートがあれば、自社がターゲットとすべきお客様の顔も、お客様の気持ちも、そのお客様の購入プロセスを初めから終わりまで把握することができます。

たとえば、「Ａ４」１枚アンケートの中には、何によって自社の商品やサービスを知りましたかという質問項目があります。このような質問からは、ターゲットとすべきお客様がどういう情報媒体に触れて、自分の商品やサービスを知ったのかを把握することができます。

チラシによって知ったのか、それともホームページによって知ったのか、はたまた口コミによって知ったのか、お客様によってどのような媒体で自分たちの商品やサービスを知ったのかはさまざまだと思います。それが「Ａ４」１枚アンケートによってわかれば、どういう媒体からお金をかけていけば、お客様の心に響くのかということが、理解できます。

チラシによって自社商品を購入しているお客様が多いのであれば、当然、チラシに最も多く販促費用を使うべきですし、ホームページによって自社商品を購入しているお客様が多いのであれば、当然、ホームページに最も多くの販促費用を使うべきでしょう。

このように「Ａ４」１枚アンケートがあれば、販促費用の無制限のたれ流しを防ぐ効果があるのです。

メリット4

利益が上がらない理由がハッキリとわかる

「新商品を購入するために店に入ったんだけれども、新しい商品だから今までの商品とどう変わったのかわからなくて買わなかった」

こうした経験は、自分がお客様の立場であれば、何度か遭遇することで、特に注目することもないように思います。

しかし、お客様の行動は、商品やサービスを提供している側からすると非常に重要な情報です。なぜならば、お客様がどの情報が不足していて購入をためらったのかという情報は商品やサービスを提供している側は普通に商売していては知りようがないからです。

だから商品やサービスが売れない場合、もっともらしい理由をつけて、その理由を予測することしかできません。

たとえば、「価格が高いのかもしれない」「広告がうまくできていないのかもしれない」と判断し、価格をさらに安くしてみたり、無駄なお金をかけて見た目に美しいチラシやＤＭ、ホームページをつくってみたりします。このような判断ミスが積み重なれば、そのうち経営が悪化してしまいます。

ところが、**「Ａ４」１枚のアンケートによって普段からお客様の購入プロセスを把握しておけば、間違った方向にサービスを展開したり、無駄な広告をつくったりすることがありません。**それは最終的に会社の収益体質を改善して、利益が増えるビジネスを展開できることにもつながっていくのです。

メリット５

販売促進戦略が立てやすい

自分がターゲットとすべきお客様がわかっていると、販売促進戦略を立てやすくなります。なぜならば、自分の商品やサービスを絶対に買っていただけるお客様を探して、そのターゲットのお客様に対して、アプローチをかけていくだけだからです。あとは、アプローチをかけていく人数を増やしていけば、利益はアプローチをかける人数に比例して増えていきます。

アンケートを実施することでお客様の購買パターンが読める

ここで具体的な事例を紹介しましょう。

アメリカの新聞の販売促進戦略の担当者の事例です。この人は、勧誘に応じてくれる人の購買パターンを実際に新規購読契約してくれたお客様から分析しました。

すると新規購読契約の勧誘に応じてくれるお客様は、「新婚」「新しい家やアパートに引っ越した人」というパターンがあることに気がついたのです。

そこで、次に「結婚したり、新たに住宅ローンを組んだりした人」をすべて洗い出す方法を考えました。新婚のリストは、郡庁舎にあったといいます。なぜならば、その郡では結婚を望む人は、郡庁舎で結婚許可証をもらわなければならなかったからでした。新たに結婚した人の住所は公開されていたために、リストは簡単に手に入ったようです。

住宅ローンを申し込んだ人については、ある企業が住宅ローンを申し込んだ人のリストをまとめていたのを活用しました。

これらのリストをもとに、彼は新聞の新規購読のためのＤＭを作成して、配布したといいます。その結果、何千件もの購読契約が得られたというのです。

「Ａ４」１枚アンケートを活用すれば、この担当者が行ったことと同じことができます。アンケートを実施して自分の商品やサービスを購入してくれるお客様の購買パターンを読むことができるのです。

そして、自分の商品を購入してくれるパターンを持ったお客様をできるだけ多く集めて、集めたお客様に対してチラシ・ＤＭ・ホームページでアプローチをかければ、喜んで購入してくれるので自然と利益は上がっていきます。

販売促進戦略というと難しく考える人が多いのですが、「Ａ４」１枚のアンケートでお客様のパターンを見つけて、そのパターンに合致する人を見つけて、チラシ・ＤＭ・ホームページでアプローチをかけるだけ。本質は非常にシンプルなものなのです。

第2章

これが岡本式「A4」1枚アンケートだ!

なぜ、「A4」1枚アンケートをつくろうと思ったか？

私は販促コンサルタントとして独立をしてからも、クライアントの商品やサービスの魅力を探り当てるために、まず、現場に行ってお客様に聞くという姿勢を貫いてきました。これはホンダのディーラー（車の販売店）の販売促進に携わっていたときに、あるホンダディーラーの社長、故・三好憲夫さんをはじめ多くのホンダディーラーの経営者から常に言われ続けた三現主義（現場・現実・現物）があったからなのです。

「答えは常に三現にある」

優秀なホンダディーラーの経営者は、みな同じことを言っていました。
そして、週末は本社ではなく、必ずディーラーの拠点を回り、お客様の状況をつぶさに観察していました。

当時社長の三好さんは、さらに直接お客様のところまで行き、名刺を渡しながら、

「なぜ、他のクルマではなくこのクルマを選んでくれたのですか？」

「なぜ、他のメーカーではなくホンダを選んでくれたのですか？」

「なぜ、他のディーラーではなく自分の所で買ってくれたのですか？」

といったことを店長や営業マンに任せるのではなく、社長自ら確認していました。

これを私は常に見ていたので、必ず現場に行ってお客様に話を聞くという姿勢を貫いていたのです。

「A4」1枚のアンケートで利益は5倍に増えた

しかし、あるとき、全国展開している企業から効果があまり見られない広告について、改善方法をアドバイスして欲しいとの依頼がありました。

通常であれば現場に行ってお客様の声を聞くのが一番ですが、全国200以上ある店舗をすべて回ることができなかったので、やむなくアンケートを取ってもらうことにしました。

現場でお客様の話を聞く場合、購入プロセスを事細かに聞くのですが、アンケートではで

きません。そこで、いろいろある質問項目の中から最も知りたい5項目に絞り、アンケートのサイズを「A4」1枚にコンパクトにまとめました。

そして、全国店舗に一斉にFAXでアンケートを配布して、お客様の声をかき集めました。それをもとにキャッチコピーをつくり、広告を作成しました。

直接、お客様にヒアリングをしたわけではなかったので、どのくらいの成果が出るか不安だったのですが、広告による問い合わせ件数は飛躍的に上がり、利益は一気に5倍に増えたのです。

以来、**「A4」1枚アンケートを、さまざまな業種や事業規模のお店や会社などで試してみましたが、同じように、効果を上げ、利益が急増した会社が続出**しています。

現場に行けないときでも「A4」1枚アンケートを取ることで売れる広告がつくれることがわかったのです。

こんなアンケートではお客様の購入プロセスはわからない

恐らくこの本を読んでいらっしゃる皆さんは、お客様に対してすでに何らかのアンケートを実施して、声を拾い上げている方も多いと思います。

しかし、アンケートのつくりがよくないために、得られた回答から販売促進のための有効な対策を打てていないのではないでしょうか？　売れるチラシ・ＤＭ・ホームページをつくるためにはお客様の購入プロセスを知ることがまず重要です。しかし、これから挙げるアンケートではお客様の購入プロセスを知ることはできません。

そのことを具体的なアンケートの事例を挙げてご説明しましょう。

図4　事例1～感想を書かせるアンケート

○○セミナーアンケート

本日は○○セミナーに参加いただきありがとうございました。
今後の参考にしたいと思いますので感想をお書きくだされば幸いです。

1、本日のセミナーはどうでしたか？

2、講師の態度はどうでしたか？

3、 何かお気づきの点があれば、お書きください

事例1　感想を書かせるアンケート

「この商品（サービス）を使ってどうでしたか？」という「感想」をお客様に聞くアンケートです。意外かもしれませんが、そうしたお客様の声だけでは売れるチラシ・DM・ホームページの素材として不十分です。なぜならば、どういう理由や状況で商品やサービスを購入されたか、つまり何のために商品を買おうと思ったかがまったくわからないからです。

人は商品が欲しいのではありません。商品を購入することで悩み・欲求・不便を解消したいのです。これでは、お客様からよい評価をもらっても悪い評価をもらっても、広告にお客様の声を活かすことができません。

実際、使った感想は、その商品やサービスが

図5　事例2〜質問の量が多すぎるアンケート〜

○○食品アンケート

本日は○○食品をご利用いただきありがとうございました。
今後の商品開発に生かしたいと思いますので、お客様の忌憚のない
ご意見をいただければ幸いです。

1、○○食品の製品をどちらで買われましたか？
2、○○食品を選んだ理由をお知らせください
3、○○食品はあなたにとって何ですか？
4、○○食品に今後どのような商品を期待しますか？
5、○○食品には、○×シリーズというブランドがあるのをご存じですか？
6、あなたの街では、○○食品が置いてあるお店は、どのくらいありますか？
7、どんなときに○○食品を購入しようと思いますか？
8、○○食品に新製品が出たら購入しますか？
9、購入しなかったとしたら、その理由は何ですか？
⋮

「よい」「悪い」かを客観的に知ってもらう証拠にはなるのですが、購入プロセスがまったく見えてこないのでせっかくアンケートに答えてもらっても、広告づくりには不十分なのです。

事例2　質問の量が多すぎるアンケート

お客様からより多くの情報を得ようとして、逆効果になってしまうパターンです。詳細にわたって質問項目をつくり、アンケートの用紙サイズも質問がたっぷりと記入できるA3サイズで、さらにページ数も4〜5枚になってしまっているアンケート用紙をよく見かけます。

お客様の声を商品やサービスに反映させたいという意気込みは感じるのですが、お客様は基本的に面倒くさがり屋です。4〜5ページにもわたる

アンケートを実施するのは心理的なハードルが高すぎます。

一般的に、調査員がアンケートの項目を読み上げて、それに対してお客様が答える形式の調査可能時間は、5分が限度といわれています。

一方、お客様がお店や会場に来られて、お客様自身でアンケートに記入する形式の調査可能時間は、10分が限度といわれています。この時間内に収められるようにアンケートの質問をつくるのがポイントになります。つまり、回答するのに20～30分かかりそうなアンケートはお客様の負担が大きいのです。

それでも、親切にアンケートに答えてくれるお客様がいらっしゃるかもしれません。

しかし、お店にとって好意的に対応して下さるお客様でも質問項目が多すぎて、どこかいい加減に処理してしまうことがあると思います。

そうなってしまうと、データの信ぴょう性が疑われる可能性もあります。

お客様がどういう理由で商品やサービスを利用したのか？　その実態がよくわからないアンケートは取る意味がなくなってしまうのです。

図６　事例３～負担を軽減しているつもりのアンケート～

○○ホテルアンケート
本日は○○ホテルをご利用いただきありがとうございました。
より満足の行くリゾートのためにどうぞ、お客様の目を通して悪かった点、良かった点をお知らせください。

レストラン・バー
1、○○レストラン
コンセプトと雰囲気
　　1 大変よい　2 よい　3 普通　4 やや不満　5 不満
食事、ドリンクの質、選択の幅
　　1 大変よい　2 よい　3 普通　4 やや不満　5 不満

2、○○亭
コンセプトと雰囲気
　　1 大変よい　2 よい　3 普通　4 やや不満　5 不満
食事、ドリンクの質、選択の幅
　　1 大変よい　2 よい　3 普通　4 やや不満　5 不満

事例3　負担を軽減しているつもりのアンケート

アンケートの質問は、お客様に自由に回答してもらう「自由回答形式」とお客様に選択肢を選んでもらう「選択形式」の2つの種類があります。

サービス業の品質を問うアンケートで多いのが、この選択形式によるアンケートです。たとえば、「○○サービスはどうですか（良い）（普通）（悪い）の3つから答えてください」「電話応対についてはどうでしたか（非常に満足）（かなり満足）（やや満足）（どちらともいえない）（やや不満）（かなり不満）（非常に不満）のなかから該当するものに○をつけてください」というものです。

この質問形式のメリットは、集計がしやすいということと、お客様にあまり負担がかからず、回答ができるということです。

たしかにお客様の負担は軽減しますが、お客様の購入プロセスはこうしたアンケートからは読み取ることができません。サービス品質の平均値はどのくらいか、または、自社のサービスの品質のバラツキはどのくらいあるかなどを調べる場合には適していますが、どのような理由で、サービスを利用したのかということまではわかりません。これも広告づくりの素材としてはあまりいいものではないでしょう。

事例4 スタッフのモチベーションを上げるためのアンケート

スタッフのモチベーションを上げるためのアンケートもよく見かけます。

たとえば、お客様にとにかく意見を言って欲しいという「目安箱型アンケート」です。こうした社員やスタッフの叱咤激励用のアンケートは、飲食店をはじめとしたサービス業でよく見かけることができます。テーブルに常備されており、大きさははがき大。メッセージを書くための大きなスペースが取られています。

メッセージを記入するだけなので、お客様の心理的な負担は、かなり少ないといえるでしょう。

図７　事例４〜スタッフのモチベーションを上げるためのアンケート〜

お客様の声をお待ちしております！

ご来店名

ご来店日時

お客様の応援メッセージをお願いします！

本日の満足度　　％

本日光っていたスタッフ　　さん

お名前

ご住所

誕生日

しかし、調査期間も、調査対象者も限定しない「目安箱型アンケート」なので、お客様の層もバラバラ。得られたアンケートの回答からは自分たちがメインターゲットとしているお客様かどうかすら判別することも不可能です。これではアンケートを取ってデータを収集する意味がありません。もちろん社員やスタッフへの叱咤激励用、チラシ発送用の顧客リスト取得対策などには活用できます。しかし、売れるチラシ・ＤＭ・ホームページをつくるための素材として使うのは難しいでしょう。

これが岡本式「A4」1枚アンケートだ！

それでは、一体、どんなアンケートであれば、お客様の購入プロセスがわかるのでしょうか？　ここで私が考案した「A4」1枚アンケートをご紹介します。

このアンケートでは、お客様には、アンケート記入の際の心理的な負担を減らすために、いくつか工夫を施しています。それを紹介しておきましょう。

工夫その1　お客様に嫌がらずに書いてもらえるサイズである

10分程度でアンケートに記入してもらえるには、「A4」1枚が限度です。これ以上の用紙サイズや枚数になると、10分程度では記入しきれなくなります。

一般的に、記入時間が長くなれば長くなるほど、お客様の心理的負担は大きくなるといわれており、心理的負担が多くなればなるほど、正確な情報を得ることができなくなります。

図８ これが岡本式「Ａ４」１枚アンケートだ！

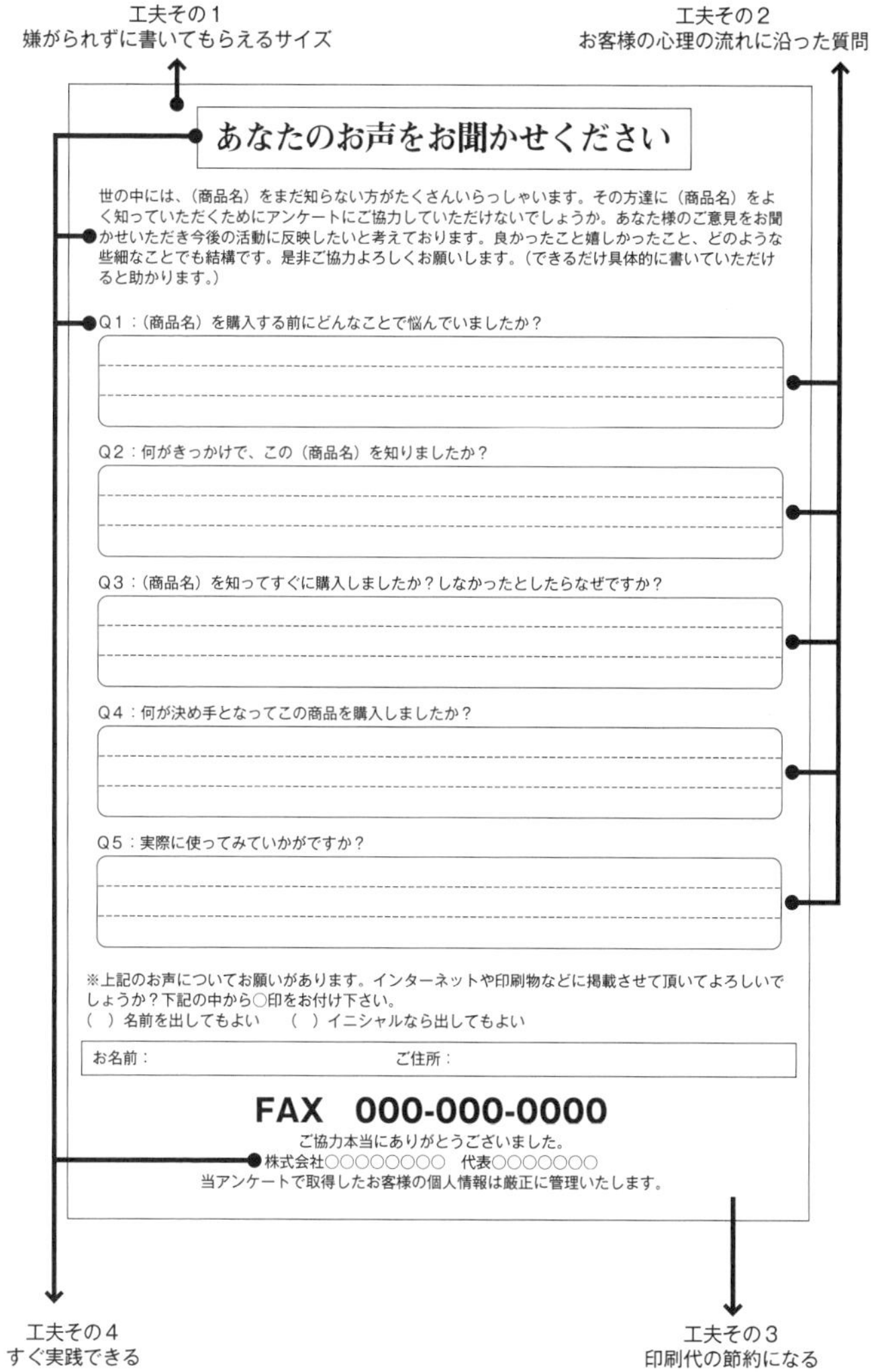
工夫その１
嫌がられずに書いてもらえるサイズ
工夫その２
お客様の心理の流れに沿った質問
あなたのお声をお聞かせください
世の中には、（商品名）をまだ知らない方がたくさんいらっしゃいます。その方達に（商品名）をよく知っていただくためにアンケートにご協力していただけないでしょうか。あなた様のご意見をお聞かせいただき今後の活動に反映したいと考えております。良かったこと嬉しかったこと、どのような些細なことでも結構です。是非ご協力よろしくお願いします。（できるだけ具体的に書いていただけると助かります。）
Q１：（商品名）を購入する前にどんなことで悩んでいましたか？
Q２：何がきっかけで、この（商品名）を知りましたか？
Q３：（商品名）を知ってすぐに購入しましたか？しなかったとしたらなぜですか？
Q４：何が決め手となってこの商品を購入しましたか？
Q５：実際に使ってみていかがですか？
※上記のお声についてお願いがあります。インターネットや印刷物などに掲載させて頂いてよろしいでしょうか？下記の中から○印をお付け下さい。
（　）名前を出してもよい　（　）イニシャルなら出してもよい
お名前：
ご住所：
FAX　000-000-0000
ご協力本当にありがとうございました。
株式会社○○○○○○○○　代表○○○○○○○
当アンケートで取得したお客様の個人情報は厳正に管理いたします。
工夫その４
すぐ実践できる
工夫その３
印刷代の節約になる

だからこそ、お客様に心理負担を感じさせずに書いていただく量としては「A4」1枚が最適なのです。

工夫その2　お客様の心理の流れに沿った質問を採用している

「A4」1枚のアンケートでは、スペースの関係上、どうしても質問項目が限られてしまいます。

限られたスペースの中で答えにくい質問をすれば、ピントはずれの回答しか得られません。そうするとアンケートを取る意味がなくなってしまいます。

このためアンケートの質問は、**お客様が購入をしようと考えてから、実際に購入した後までの5つの心理段階に合わせて、お客様の購入プロセスと同じ順番で構成されています。**

この質問に答えることそれ自体が、自分の購入体験を追体験する効果があるため、お客様にとっても答えやすく、購入プロセスを把握するための回答が得られるのです。

工夫その3　印刷代の節約ができる

一般的にアンケートの母集団が多ければ多いほど、データの信ぴょう性は高まるといわれています。

母集団の数を増やすためには、より多くのアンケート用紙を印刷する必要がありますが、そんなときでもアンケート用紙が1枚で済むのであれば、印刷代を節約することができます。

工夫その4 すぐ実践できる

「A4」1枚のアンケートは、「タイトル」「アンケートの趣旨」「質問項目」「声についての他媒体への転載の許可欄」「住所氏名記入欄」の5つの要素で構成されています。

マイクロソフトのワードやパワーポイントでつくるのも結構ですが、手書きでものの数分でできてしまうので、非常に実践的です。

思い立ったらすぐに実行できる、その手軽さも魅力のひとつになっています。

「A4」1枚アンケートで知るお客様の購入プロセス

「A4」1枚アンケートは5つの質問で構成されており、回答はすべて自由回答形式になっています。一般的なアンケート調査の質問でよく見かけるのは、「はい・いいえ・どちらでもない」という回答に選択肢が3つ以上ある多項目選択式のアンケートです。

この形式のアンケートが多く採用されている背景には、ひとえに、集計しやすく、短時間でお客様が回答できるというメリットがあるからです。

しかし、自社の強みを知るときや売れるチラシ・DM・ホームページをつくるときには、そうした多項目選択式のアンケートは、あまり役に立ちません。

なぜならば、本当に把握しなければならないのは、アンケート作成者の思い込みでつくられた想定回答ではなく**「お客様の心が購買行動によって、どうやって変化していくか」という心理プロセスそのものだから**です。

「A4」1枚のアンケートの5つの質問は次の通りです。

「A4」1枚アンケートの5つの質問

Q1 「商品を買う前に、どんなことで悩んでいましたか？」（第1段階：欲求発生）
Q2 「何で、この商品を知りましたか？」（第2段階：情報収集）
Q3 「（商品名）を知ってすぐに購入しましたか？ もし購入しなかったとしたら、どんなことが不安になりましたか？」（第3段階：購入不安）
Q4 いろいろな商品がある中で、何が決め手となってこの商品を購入しましたか？（第4段階：購入実行）
Q5 実際に使ってみていかがですか？（第5段階：購入評価）

この質問を見てもらえばわかるとおり、質問自体が、お客様の購入プロセスそのものになっています。つまり、自分の商品やサービスを購入してもらったお客様に対して、**「A4」1枚アンケートを取ることで、自分のお客様の購買パターンを把握できる**ということです。

それさえわかっていれば、売れるチラシ・DM・ホームページをつくることは簡単です。

逆に、それがわからないからこそ、せっかくつくったチラシ・DM・ホームページに効果が見られないのです。

それでは、ここで5つの質問項目の意図を順番に説明していきたいと思います。

この質問意図と実際の回答を見比べることで、お客様に対するより深い理解が得られます。

第1段階　欲求発生（〜で悩んでいる、〜したい、〜が不便）

このステージは、お客様の商品購入への欲求が発生するステージです。お客様に何らかの悩みや欲求がなければ、どんなによい商品であっても購入しないはずです。お客様は商品やサービスを購入する前に必ず何かに対して悩みや欲求を持っています。

たとえば、「腹が減った」「のどが渇いた」「子供が生まれて家が欲しくなった」「乾燥肌が気になりだした」「肩こりがひどい」などの悩みや欲求がまず発生し、それを解消するにはどうすればよいのかという問題が認識されます。この問題認識があって初めて、お客様は商品やサービスの購入へと行動を開始するのです。悩みや欲求がなければ、購入に至ることはまずないといってよいでしょう。

図９ 「A４」１枚アンケートは顧客の購入プロセスと連動している

Q１「商品を買う前に、どんなことで悩んでいましたか？」
（第１段階：欲求発生）

↓

Q２「何で、この商品を知りましたか？」（第２段階：情報収集）

↓

Q３「（商品名）を知ってすぐに購入しましたか？
もし購入しなかったとしたら、どんなことが不安になりましたか？」
（第３段階：購入不安）

↓

Q４　いろいろな商品がある中で、何が決め手となって
この商品を購入しましたか？（第４段階：購入実行）

↓

Q５　実際に使ってみていかがですか？（第５段階：購入評価）

第2段階 情報収集（何かの媒体でその商品、そのサービスを知る）

お客様自身が知らないものは購入できません。このステージでは、その問題を解消するために、解決策を探す段階です。インターネットで調べたり、商品の特集をしている雑誌を購入したり、広告を集めたり、友人に相談するなど、情報を収集します。そしてお客様は、特定の媒体から自社の商品やサービスを知ることになります。

第3段階 購入不安（買おうか、買わないか悩む）

3番目のステージは、購入に際して不安が出現するステージです。

たとえば、100円ショップで売っている商品など安いものであれば、悩まずに購入するのかもしれません。しかし、価格が高いものや効果がわかりにくいものであれば、商品を購入しようと決心しても、さまざまな不安が出てきて躊躇してしまいます。

購入に際しての不安にはさまざまな要素があります。たとえば、商品を購入してもアフターサービスは万全なのかとか、自分の考えていた効果とは異なっていたらどうしようとか、訪れたことがないお店なので、無理やり購入させられたらどうしようとかさまざまな不安が頭をもたげれば、購入に至ることはないでしょう。

第4段階　購入実行（〜だから買おう）

このステージは、さまざまな情報を分析し、購入に対する不安を克服した結果、最終的に購入の決断を下すステージです。貴重なお金を使うのだから、商品を購入するには、購入するに値する部分や理由が存在します。

その際、重要になるのが、他商品や他社との違い、つまり強みです。これらが決め手となって、購入が決断される場合が非常に多いので、他商品や他社との違いや強みが明確でない場合は、購入に至りません。よく自分には強みがないという方がいらっしゃいますが、購入したお客様がいるということは必ず強みがあるということです。

第5段階　購入評価（今は〜だと思っている）

このステージでは、お客様が自分自身で購入した商品に対する評価が行われます。商品購入後にお客様は自分の買ったものを後悔したくないために、商品を改めて調べて、さらに大きな満足感を得ようという心理が働きます。こうした心理を心理学では、「認知的不協和を避ける心理」と教えています。

この段階では、お客様はその商品に対して何らかの感想を持っています。この段階でお客様に満足感を得てもらうことによって、お客様はあなたのお店や会社のリピーターとなるわけです。

お客様の声を知るというのは、この5つの心理段階に対する答えを知ることをいいます。

私は多くの経営者とお会いする機会が多いのですが、**成功している社長さんやお店のオーナーさんのほとんどが自分のお客様の5つの心理段階に対する答えを知っています。**だからこそ、お客様が望んでいる場所や時間、タイミングに、お客様が望んでいる商品やサービスを提供することができるのです。

一方で、売上が上がらず困っている社長さんやお店のオーナーさんのほとんどが、自分のお客様の5つの心理段階に対する答えを知ろうとしていません。そのため、お客様の望んでいること、困っていることがわからずにまったく違うことを行ってしまうのです。

売れるチラシ・DM・ホームページをつくるためにも、この5つの心理段階は「A4」1枚アンケートを通してきちんと把握していなければなりません。

基本コンセプトシートで簡単に「自社の強み」を知る

「Ａ４」１枚のアンケートを集計し終わったら、次はいよいよ自社の強みを見つけるための作業を行います。これは最も多かったアンケートの回答を簡単な基本コンセプトシートに当てはめるだけでＯＫです。数十分もあればできてしまいます。

「チラシ・ＤＭ・ホームページ基本コンセプトシート」とは、次のようなものです。


「チラシ・ＤＭ・ホームページ基本コンセプトシート」

（②強みを伝えるのに使う利用媒体／Ｑ２の回答）

「（①悩み／Ｑ１の回答）を持っていませんか？」

あなたと同じように（①悩み／Ｑ１の回答）を持っていた人が、この商品（サービス）を購入して、今では（⑤感想／Ｑ５の回答）と思っています。この商品は（④決め

図10 アンケートの回答をチラシ・DM・ホームページ基本コンセプトシートに記入する方法

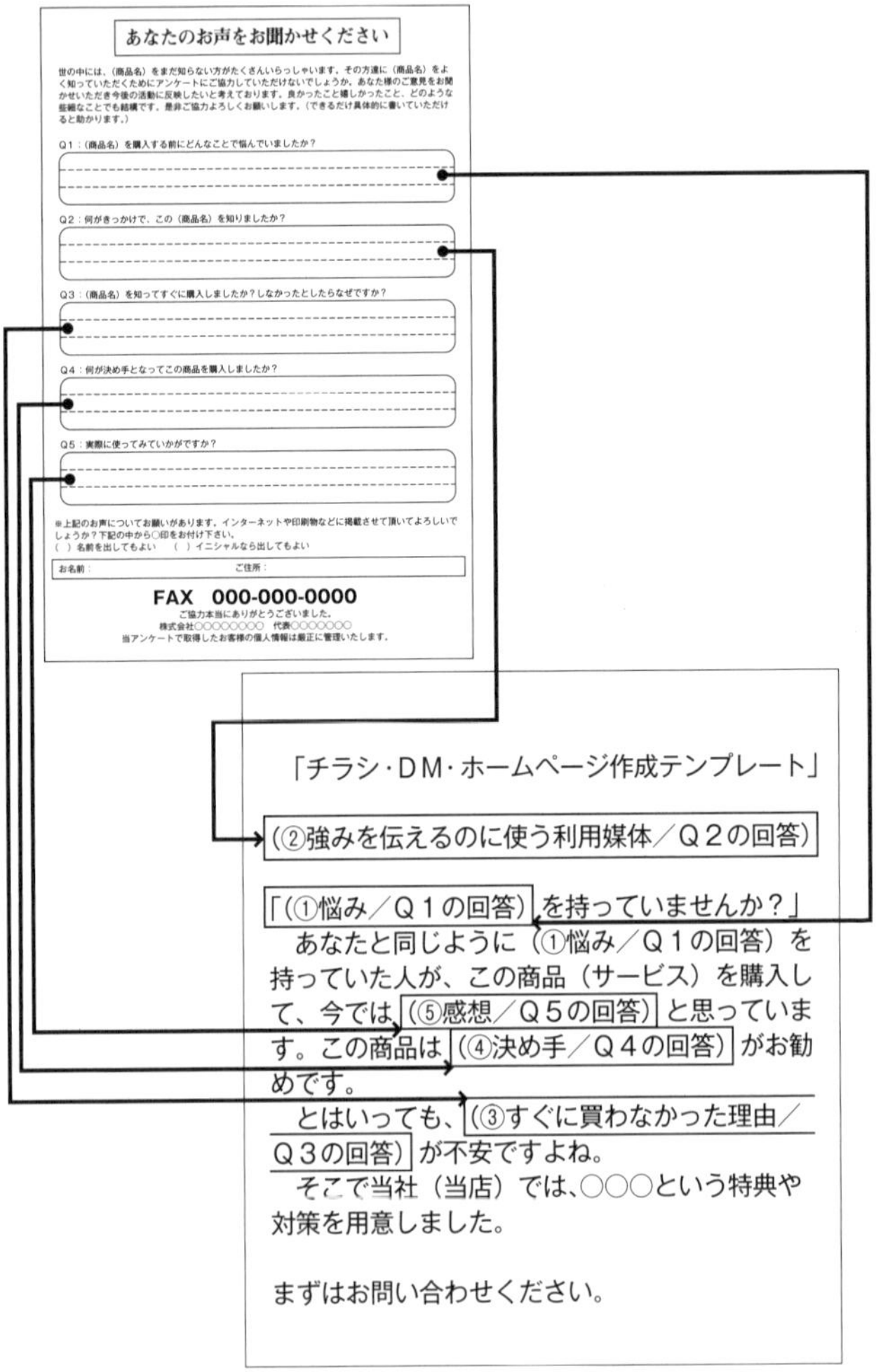
あなたのお声をお聞かせください
世の中には、（商品名）をまだ知らない方がたくさんいらっしゃいます。その方達に（商品名）をよく知っていただくためにアンケートにご協力していただけないでしょうか。あなた様のご意見をお聞かせいただき今後の活動に反映したいと考えております。良かったこと嬉しかったこと、どのような些細なことでも結構です。是非ご協力よろしくお願いします。（できるだけ具体的に書いていただけると助かります。）
Q1：（商品名）を購入する前にどんなことで悩んでいましたか？
Q2：何がきっかけで、この（商品名）を知りましたか？
Q3：（商品名）を知ってすぐに購入しましたか？しなかったとしたらなぜですか？
Q4：何が決め手となってこの商品を購入しましたか？
Q5：実際に使ってみていかがですか？
※上記のお声についてお願いがあります。インターネットや印刷物などに掲載させて頂いてよろしいでしょうか？下記の中から○印をお付け下さい。
（ ）名前を出してもよい （ ）イニシャルなら出してもよい
お名前：
ご住所：
FAX 000-000-0000
ご協力本当にありがとうございました。
株式会社〇〇〇〇〇〇〇〇 代表〇〇〇〇〇〇〇
当アンケートで取得したお客様の個人情報は厳正に管理いたします。
「チラシ・DM・ホームページ作成テンプレート」
（②強みを伝えるのに使う利用媒体／Q２の回答）
「（①悩み／Q１の回答）を持っていませんか？」
あなたと同じように（①悩み／Q１の回答）を持っていた人が、この商品（サービス）を購入して、今では（⑤感想／Q５の回答）と思っています。この商品は（④決め手／Q４の回答）がお勧めです。
とはいっても、（③すぐに買わなかった理由／Q３の回答）が不安ですよね。
そこで当社（当店）では、〇〇〇という特典や対策を用意しました。
まずはお問い合わせください。

手／Q4の回答）がお勧めです。
とはいっても、③すぐに買わなかった理由／Q3の回答）が不安ですよね。そこで当社（当店）では、〇〇〇という特典や対策を用意しました。まずは、お問い合わせてください。

「A4」1枚アンケートの回答を「チラシ・DM・ホームページ基本コンセプトシート」に当てはめるときに注意しなければならないことがあります。それは、「一般的回答」はあまり参考にしないということです。

たとえば、私の場合のようなコンサルタント業を営んでいる人が、セミナー参加者に「A4」1枚アンケートを実施して回答を得たとします。そのときに「勉強になった」という一般的な回答を自社の強みとして選別してもあまり意味がありません。

なぜならば、競合他社と差別化ができないからです。自分の強みとして表現する際に、**最も多いキーワードやリアルな言葉を拾うように心がけてください**。

このことをある事例で説明します。ある建築会社は、地域密着型の注文住宅の設計建築、

図11　ある建築会社の「A4」1枚アンケートQ1の回答

最も多かった回答順に並べておくとわかりやすい

【Q1：新築やリフォームの際どんな事で悩んでいましたか？】

使い勝手の改善（7人）
・台所の使い勝手の改善　・自分が思うキッチンが出来ればいいかなぁ～と思って！！
・実家のグランドピアノを引き取って合計3台のピアノを置くことになったので。この機会にそれまで気になっていた水まわりや床、カベもリフォームしようと考えたので。
・家族構成の変化、新築から約13年経ったこと、など。
・社宅に住んでいたが、娘が生まれたことにより、狭くなったため。
・子供が結婚し、家を出たのでリビングを広くしたかった。

リアルな言葉を拾う

老朽化（6人）
・あまりにも家が古く、地震・火災・給排水・衛生面に問題があったため
・家が古くなったから　・築25年になり、キッチンが古くきたなかったため。
・20年間住み、古くなりリフォームを考えた。　・古くなっていたので。
・住宅の老朽化（築30年近くになるため）。

使い勝手の改善＋老朽化（3人）
・雰囲気を変えてみたかったし、老朽化してきたので
・ここに住んで28年、だいぶ古くなったので、キッチンまわりをきれいにすっきり。又、家族数が減ったので壁を一部取り除いてリビングを広くしたかった。
・築20年になり全体に老朽化したことと、子供が成長し、個々の個室が必要となったことから。

中古購入（2人）
・中古マンション購入　・中古住宅の購入

立替え（1人）
・居住していた公団住宅の建替を機に、一生を過ごせる快適な住宅の取得を考えました。

手狭（1人）
・子供の就学、現在の住まい（社宅）が手狭になったため

転居（1人）
・中古住宅への転居

永住（1人）
・永住することになり、土地を探していたので

数年後に取り壊される予定（1人）
・入居していた官舎が数年後に取り壊される予定だったため

家賃（1人）
・賃貸マンションでずっと家賃を払うことを考えたら、家を購入してローンを払ったほうが良いと思ったから。

結婚（1人）
・結婚するのに合わせて。

引越し（1人）
・引越し

新築に納得できない（1人）
・新築戸建探していましたが内装に納得がいかないのでそれであれば中古マンションを購入し自分の思い通りリフォームしようと思ったのがきっかけです。

予算オーバー（1人）
・マイホームが欲しいと思っていて、新築を見て回りましたが、高く、中古マンションをリフォームすると予算オーバーで、家を持つことをあきらめていました。

現場をみて（1人）
・同じマンションのリフォームを見に行き。

デザインリフォームを行っています。フリーペーパーに掲載している広告を修正するために、「A4」1枚アンケートを取りました。その回答が図11です。

　このアンケートの回答で最も多い回答順にアンケート結果を集計します。すると「子供が結婚し、家を出たのでリビングを広くしたかった」「住宅の老朽化（築30年近くになるため）」などのリアルな言葉を発見できます。つまり、お客様の購入パターンは家族構成などが変化して使い勝手が変わったから、または家が老朽化してリフォームする必要が出てきたということがわかります。この結果から、「チラシ・DM・ホームページ基本コンセプトシート」のQ1の回答欄には、「家族構成が変わったり、家が老朽化してリフォームの必要が出てきたお客様へ」となります。

　この建築会社の事例と同じように「A4」1枚アンケートのQ1〜Q5の回答を集計し、自分なりに分析したうえで、チラシ・DM・ホームページ基本コンセプトシートに記入していきましょう。

お客様の購入不安をどうやって解消するのか？

もうひとつチラシ・DM・ホームページ基本コンセプトシートに記入するうえで注意すべき点があります。それはリスク対策、つまりQ３の回答に対する対策です。

「A４」１枚アンケートのQ３の回答は、お客様が購入に際して不安に思う点です。一般的にお客様は、広告を見てもすぐには購入せずに、

「もう少し詳しく聞いてみたい」
「一度使って試してみたい」
「本当にそのとおりになるか確かめたい」
「今、お金がない」
「壊れないいか、使いこなせるのか」

といった不安を感じます。このような不安に対して、リスク対策を講じておくことが必要になります。

たとえば、「もう少し詳しく聞いてみないとわからない」とお客様が思うのであれば、カタログや資料などで詳細を紹介します。

「一度使ってみなければ分からない」というお客様であれば、無料サンプル、無料相談、試食、試飲、試乗などがあります。

お客様の購入不安を減らす方法を考えるのが「リスク対策」

「本当にそのとおりになるのか」とお客様が思うのであれば、返金や返品保証を行います し、「今、お金がない、他の商品が購入できなくなる」というお客様であれば、分割払い、カード払いを提案します。

一般的に金額が高くなれば高くなるほど、購入不安は高まります。

たとえば、価格が高い商品を販売している車業界では、購入の検討段階に合わせて、リスク対策をきめ細かに行っています。

「どんな車なのか」「どんな装備がついているのか」「どのくらいの大きさなのか」「室内は

どんな感じなのか」「シートアレンジはどうか」という不安です。

このため、車を購入しなくてもわかるようにディーラーのショールームには展示車を用意しています。

また、燃費などの数値は展示車を用意してもわからないので、カタログを用意しています。

「実際にどのような乗り心地なのか？」「加速はどのくらいなのか」と思うお客様のために試乗車を用意して、納得いくまで試してもらいます。

「家の駐車場に入るのか？」「家の近くの狭い路地は通れるのか」などの不安を持っている人に対して、家まで試乗車を持っていき、実際に試してもらうといった試乗車の宅配サービスを行っているディーラーもあります。

「他のクルマとどこが異なるのか」というお客様の不安に対しては、比較表を用意したり、レンタカーを借りてきたりして、その場で比較検討できるようにしているディーラーもあります。

このようにお客様の購入不安を減らすことで、お客様が購入しやすくしているのです。

欠点を包み隠さず伝えると逆に信用される

商品やサービスに関する欠点やリスクをこちらが早めに認めたり、隠さず伝えることで、逆に信用されるという心理法則があります。

こうしたことを覚えておくことも自分の広告をつくるうえでは重要になります。

たとえば、デザイン的に不格好なレッグウォーマーがあったとしましょう。その不格好な理由が、遠赤外線の効果を高めたり、空気を逃さない効果があったりするということであれば、しめたものです。積極的にデザイン上のデメリットをアピールする代わりに、その効果の高さについて詳しく検証していけば済む問題です。そうすることで、逆に信用されることもあるのです。

また、いくら不格好であったとしても、自宅でレッグウォーマーを使う分には、何も問題がないわけです。「A4」1枚アンケートで、すでに購入したお客様に対してアンケートを取り、就寝時などに活用するなどの独創性のある使い方をお客様が行っており、その使い方をアピールすれば、他のお客様も安心して購入することができます。このように、商品やサービスに欠点があるとしても、それを包み隠さず伝えるというのもひとつのリスク対策です。

勇気を持って発送を断ることでかえって人気に

脱サラをして漁師をやっている河西信明さんは、安全・安心なものを食べてもらいたいという想いから「弁慶丸とれとれ便」という魚介類の通販をやっています（http://benkeimaru.com/）。「とれとれ便」のこだわりの中には「勇気を持って発送を断ります」という項目があります。「納得できる鮮度状態のよい魚を水揚げできるまで、商品の発送をいたしません。利益優先のために傷んだ魚を無理やり、発送いたしませんので『鮮度抜群のおいしさ』を約束します」

このように目先の利益にとらわれないで、本当においしいものを届けるためにあえて発送しないというメッセージを伝えることで、本当においしいものを食べたいという全国各地の家庭から注文が殺到しています。

何人のお客様に「A4」1枚アンケートを実施するべきか？

「A4」1枚アンケートを実施する際に、どのくらいの人数のお客様にアンケートを配布すればよいのかということをよく聞かれることがあります。

「A4」1枚アンケートは、統計解析のデータ元として活用するのではなく、利益を5倍にするための広告をつくるために活用するのですから、何人のお客様にアンケートを実施すればいいのかという明確なルールはありません。

しかし、私の経験則から申し上げますと、**100人ぐらいのお客様にアンケートを取ると、共通するキーワードや自分のお店や自分の会社のターゲットとすべきお客様が見えてきて、自社の強みがハッキリとわかってくる**ようです。

お客様の分析は全体の2割から行う

アンケートの質問はすべて自由回答なので、初めて「A4」1枚アンケートを実施して、集計する場合、アンケートの7～8割は雑多な意見である場合が多いです。残り2～3割は、方向性が統一された回答が得られると思います。

分析はこの2割を中心に行います。

分析といっても難しいものではなく、**アンケートから最も多かった言葉を抽出して、まとめる作業をするだけ**です。

雑多な意見が多くなるのは、それだけ自分のお店や自社の方向性やメッセージがブレている証拠ですから、最初はやむを得ないと思います。

自分のお店や自社の強みがわかってきて告知していくに従って、アンケートの回答は統一されてきますから安心してください。

さっそく実践！ セミナー参加のお客様にアンケートを取る

ここまで、「Ａ４」１枚アンケートの実施方法や意見のまとめ方の概略を説明しましたが、何となく流れがつかめないという人もいるかもしれません。

そこで、私が以前行った広告セミナーで実際にアンケートを取り、そのアンケートを集計して、自分の強みにまで落とし込んだ一連の流れを紹介します。

まず、私がセミナー参加者に聞いた５つの質問は次の通りでした。

Ｑ１　セミナーに参加する前に、どんなことで悩んでいましたか？（第１段階）
Ｑ２　何でこのセミナーを知りましたか？（第２段階）
Ｑ３　このセミナーを知ってからすぐに申し込みましたか？（申し込まなかった方はなぜですか？）（第３段階）

Q４　何が決め手となってセミナーに申し込まれましたか？（第４段階）
Q５　実際にセミナーに参加されてみていかがでしたか？（第５段階）

私のセミナーでアンケートを行ってみると、次のような回答が得られました。

Q１　セミナーに参加する前に、悩んでいたことは何でしたか？（第１段階）

・広告をつくっても思ったような効果がない
・広告を出しても問い合わせが来ない
・商品をＰＲするときのいいキャッチコピーのつくり方がわからない
・自社サービスの上手な広告のつくり方がわからない
・売上につながる販促とは

Ｑ１の回答は、お客様の悩みや欲求が提示されます。これを見ると、意見のバラツキはありつつも、私のセミナーに参加してくれた人は、「広告をつくっても効果が出ない」「広告を出しても問い合わせが来ない」「いいキャッチコピーや広告のつくり方がわからない」など、効果が出る広告を、どうつくればいいのか悩んでいる人であるということがわかります。

このことから、私がターゲットとすべきお客様は、広告をつくっても効果が出なくて悩んでいる人ということがわかります。

Q2　何がきっかけでこのセミナーを知りましたか？（第2段階）

・FAXで送られてきた
・DM
・メルマガ
・ホームページ
・ブログ

Q2の回答で最も多かったものは、「FAXDM」や「メルマガ」でした。このことから、私がターゲットとすべきお客様は、「FAXDM」や「メルマガ」から情報を得て、私のセミナーに参加してくれるということがわかりました。

お客様から探してもらうツール（ホームページやブログ）を強化するのではなく、こちらから伝えるためのツール（ＦＡＸＤＭやメルマガ）を強化する必要があるとわかりました。

Ｑ３　このセミナーを知ってからすぐに申し込みましたか（申し込まなかったのはなぜですか）？（第３段階）

・本当に役に立つのか？
・時間と日程が合うかどうかわからなかった

そこで私は、このＱ３に対する対策を考えました。そして、本当に役立つのかという不安に対してはセミナーの内容に価値がなければセミナー料金を全額返金するという特典をつけたのです。

Ｑ４　何が決め手となってセミナーに申し込まれましたか？（第４段階）

・キャッチコピーやチラシの具体的なつくり方について教えてくれそう
・実践的なノウハウをたくさん持っていそうだと感じたから
・成功者続出というキャッチコピー

Q４の回答で注目したのは、他人と違う部分、他社と異なる部分です。お客様は自分の大切なお金を払ってまで、私のセミナーに参加してくれたのですから、そこには、お金を払うだけの決め手が必ず存在しています。それが、他人と違う部分、他社と異なる部分であり、自社の強みなのです。最も多かった回答が、「キャッチコピーやチラシの具体的なつくり方」「実践的なノウハウ」でした。

後日、アンケートを書いてくれた人に詳しく聞いてみると、１００億円を超える広告を見てきたというプロフィールを見てそう思った人が多かったのです。つまり、机上の空論みたいな話は聞いても仕方がない、すぐ使える実践的なノウハウが知りたいというお客様のニーズがわかったのです。

これは実際に広告を作ってきた私だからこそ言えるメッセージのひとつだと思うので、プロフィールのスペースをしっかり取って説明しなければいけないと思いました。

また、「成功者続出」というキャッチコピーが気に入ったという意見が多かったので、この言葉は広告の中でも目立つように入れなければならないこと、またそれを証明するために成功者の実績を入れなければいけないということがわかりました。

Ｑ５　実際にセミナーに参加されてみていかがでしたか？（第５段階）

・広告の使い方が間違っていました
・お客様の心理がよくわかりました
・自社の強みをどう見つければいいかわかりました
・広告をどうつくればいいかわかりました
・キャッチコピーのつくり方がわかってよかったです
・事例が多く大変参考になりました
・今後どう仕事を進めていけばいいかわかりました

Ｑ５の回答は、実績づくりや項目に必要になります。具体的にどういう部分が参考になったのかということを知るための重要な意見となります。

これらのアンケート結果からわかる私の強みとは、図12のとおりです。

私は図12の基本コンセプトシートを使ってＦＡＸＤＭを作成しました。実際にこのＦＡＸＤＭをあるエリアで配布したところ、会場の交通の便が悪いにも係わらず、多くの人が参加し、返金依頼は１件もありませんでした。

図 12　岡本達彦のチラシ・DM・ホームページ基本コンセプトシート

チラシ・DM・ホームページ基本コンセプトシートに「Ａ４」１枚アンケートから得られた回答を当てはめていくと、次のようになります。

（②ＦＡＸDMやメルマガ）


「（①広告をつくっても思ったような効果が出ないと悩んでいる）人へ」

あなたと同じように（①広告をつくっても思ったような効果が出ないと）悩んでいた人が岡本のセミナーを受けて、（⑤広告をどうつくればいいかわかりました。など）と喜んでくれています。

このセミナーは、（④実践的なノウハウをたくさん持っているプロが具体的な方法を教えてくれるところ）がお勧めです。


とはいっても（③本当に役に立つのかどうか）が不安ですよね。

そこで今回は、セミナーの内容に価値がなければセミナー料金を全額返金します。

ぜひこの機会にセミナーにご参加ください。

このように「Ａ４」１枚アンケートと「チラシ・ＤＭ・ホームページ基本コンセプトシート」を活用すれば、どんなお客様に対して、何を伝えればいいのか？

そして、そのお客様に商品やサービスを利用してもらうためには、購入の障害になっているどのようなリスクを減らせばいいのかを簡単に知ることができるのです。

第3章
利益が5倍になる
チラシ・DM・ホームページはこうつくれ！

売れるチラシ・DM・ホームページで利益を5倍にする法則

前章では、「A4」1枚アンケートからお客様の購入プロセスを知り、そして自分の強みを発見するところまで紹介しました。

この章では、自社の強みをより広範囲のお客様に伝えていくためのツールである、チラシ・DM・ホームページについて紹介します。

まず、ここで広範囲のお客様に自社の強みを伝えることが、なぜ利益の増大につながるのかを説明します。利益を増大させるというと、何やら難しく感じることがあるかもしれませんが、実際のところ利益を増大させる方法は、次の3つしかありません。

第1は、お客様の数を増やすこと
第2は、お客様の1人あたりの利益を増やすこと

第３は、お客様の購入頻度を増やすこと

たとえば、お客様の人数が１００人いて、１人あたりの利益が５０００円、年間の取引回数が３回であれば、次のような計算式で自社のビジネスの売上を単純に計算することができます。

お客様の人数　　１人あたりの利益　　購入頻度　　年間の利益
１００人　×　５０００円　×　３回　＝　１５０万円

では、ここで質問です。この状況で最も無理がなく、最も効率的に利益を５倍にするためには、次の３つのうちどの販売促進戦略を取ればいいのでしょうか？

Ａ　お客様の人数を５倍にする
Ｂ　１人あたりの利益を５倍にする
Ｃ　購入頻度を５倍にする

自社の強みを多くの人に伝え、ファンを増やし続ける戦略を取るべき

答えは、Aのお客様の人数を5倍にするという販売促進戦略です。

こういうと「うちは薄利多売はやらずに、厚利少売を目指しているんだ」という人がいます。

でも、ちょっと冷静になって考えてみてください。1人あたりの利益と購入頻度を上げ続けていくというのは、小さなお店や中小企業ではなかなかできるものではありません。

たとえば、1本あたり利益150円のお茶で5倍の利益を上げたいからといって、利益を1本750円にしたところで購入する人はいるでしょうか？　特別な原材料を使っているとか、特別な場所で売っているなどの非日常的な要素が加わらないとお客様に購入していただけないでしょう。

一方、購入頻度を5倍に上げるといっても、同じお客様が、他の商品と差別化がされていないペットボトル入りのお茶を何度も購入する気持ちになるでしょうか？

お客様が払える金額や頻度には限界があります。もちろん、富裕層を狙うという戦略がないわけではありません。

しかし、いくらよい商品やサービス、よい技術を持っていたとしても、小さなお店や中小

企業は、社会的信用がないところがほとんどです。皆が認めるようなブランドを構築できていないため、メインターゲットを富裕層に設定しても、なかなか購入してもらうのは難しいと思います。仮に、購入単価を増やしたとしましょう。この場合、お客様の期待値が非常に上がります。

それに対応するだけのシステムをつくることは、金銭的にも人員的にも、小さなお店や中小企業ではなかなか難しいのです。その結果、お客様の期待を裏切ることになり、評価を思いきり下げることにつながります。

だから、小さなお店のオーナーさんや中小企業の社長さんは、まずは購入単価や購入頻度にこだわるのではなく、**自社の強みをひとりでも多くの人に伝え、自社のファンを増やし続ける戦略を取るべき**なのです。

なぜならば、今までのクオリティを維持し続ければ、お客様の人数を増やすことで、確実に利益は上がっていくからです。

また、お客様の人数を増やすのに限界はありません。そしてチラシ・DM・ホームページを活用することで、少ないお金で最大の効果を見込むことができるのです。

非常にマイナーな存在でも自分のファンが増えれば、売上は上がる

ここでひとつの事例を紹介しましょう。

マヨネーズ料理の専門店を日本で初めてつくった人がいます。その人は、お客様の声を拾い続けた結果、マヨネーズ料理には潜在的なニーズがあると考えて、約50種類ものマヨネーズ料理を考案して起業しました。

しかし、開店当初は未開の分野なので訪れる人も少なかったそうです。しかし、雑誌に紹介されたり、マヨネーズの知識を競うテレビ番組に出たりして認知度が上がった結果、売上も倍増したといいます。

この事例のように、最初は非常にマイナーな存在であっても自分のファンが増えれば、さまざまなところで、口コミ効果が広がり、売上が上がっていきます。

利益が確実に上がると見込んだところで、セカンドブランドをつくり、富裕層をターゲットとするビジネスを考えても遅くはないのです。

チラシ・DM・ホームページは自分の強みを多くの人に伝えるスゴ腕営業マン

利益を上げるためには、より多くのお客様に効率的に自分の強みを伝えていかなければなりません。お客様が欲しいと望んでいる絶好のタイミングで、商品やサービスを提案してくれるスゴ腕営業マンが販促ツールなのです。

広告には、チラシをはじめとして、DM・POP・看板、FAXDM、メールマガジン、ホームページなどさまざまなものがあり、主に5つのメリットに分けられます。

一度に多くの人に伝えられる

営業マンが毎日10人のお客様に、休みなしで営業訪問をしたとしましょう。それでも1年間で会えるお客様の人数は、最高で3650人なのです。しかも、お客様が留守のときもあります。

ところが、新聞の折り込みチラシでは、1回に数万件のお客様に対してアプローチもかけることができます。営業マンは、人件費がかかり、経営に余力のない小さなお店や中小企業では、なかなか雇うことができません。

しかし、新聞の折り込みチラシであれば、1枚あたり10円。仮に1万人にアプローチをかけるとして、1回10万円でアプローチをかけることができます。

誰にでも同じように伝えられる

営業マンのキャリアによって、お客様に自分の強みがうまく伝わらない場合があります。

しかし、販促ツールをつくることで、そうした悩みを解決することができます。

クルマディーラーの販促を手伝っているとき、「乗り換え提案書」というものをつくっていました。これは、「家族が増えて車が手狭になっていませんか?」とか「乗り換えるにはよいタイミングがあります」ということが書かれています。

なぜ、こんなのをつくっていたかというとこのツールをお客様に渡すことで、新人でもベテランと同じように、お客様に乗り換え提案ができるというわけです。

お客様がモノを購入するときには、購入タイミングというものが必ず存在します。相手が買おうと考えてもいないのに、無理やりセールストークを展開しても、こちらが伝えたいことの半分も伝えられないことがあります。

伝えたいことの半分も伝えられなければ、どんなによい商品やサービスであっても購入してもらうことは不可能です。１００点満点の商品でも50点しか伝えられなければ最初から50点の商品と同じなのです。

24時間365日伝えられる

たとえば、ホームページは、一度立ち上げてしまえば、自分が仕事をしていようと、遊んでいようと、寝ていようと、自分の伝えたいことを限りなく伝えられます。24時間３６５日の対応やホームページに書いてある内容を営業マンが行うということになれば、ものすごい人件費がかかりますが、ホームページであれば月々のサーバ代ぐらいで済みます。

また、エリアを問わず世界中に自分の伝えたい内容を発信することができるのは非常に大きな魅力です。

対面で言いにくいことも伝えられる

お客様の悩みを解消するためには、肥満であるとか、体臭がきついとか、薄毛であるなど「○○で困っていませんか？」とお客様が悩んでいることをダイレクトにお客様に伝えなくてはいけない場面が出てきます。

しかし、必要であっても対面で相手から直接、自分が気にしていることを伝えられれば、気分が悪くなることもあります。しかし、チラシ・ＤＭ・ホームページであれば、言いにくいことも相手に伝えることができます。またそういった悩みが深いモノほどよく売れるのです。

紹介されやすくなる

誰かを紹介するのは非常に難しいものです。なぜなら紹介したはいいが「買わなかったらどうしよう」とか「本当にその人の望んでいるものと違ったらどうしよう」などと気を回さないといけないからです。

しかし紹介しようと考える人々の販促ツールがあれば、その販促ツールを渡し、相手に判断を任すことができるので、余計な気を回す必要がありません。

図13　チラシ・DM・ホームページで自社の強みを伝えることの５つのメリット

1、一度に多くの人に伝えられる

2、誰にでも同じように伝えられる

3、２４時間３６５日伝えられる

4、対面で言いにくいことも伝えられる

5、紹介されやすくなる

媒体選びは、自分のターゲットとすべきお客様が触れる販促ツールを意識する

自分の広告をどんな販促ツールでつくるかというのは、非常に大きな問題です。というのは、ターゲットのお客様が見てくれそうな販促ツールを使わなければ、どんなに魅力的なチラシ・DM・ホームページをつくっても意味がないからです。

たとえば、こんな事例があります。

ある自動車メーカーが、自社製品の販促の一環として医師向けにインターネット上で見られる高級車の専用ホームページをつくりました。しかし、インターネットで情報を取得しない医師が多かったらしく、せっかく多額のお金をかけてつくったインターネットサイトなのにもかかわらず、ユーザー登録の数がほとんどなかったという事態になってしまいました。

そこで、自動車メーカーは、急きょ郵送DMによる集客方法に切り替えるよう、改めて広告制作会社に依頼しました。

　すると、今度はインターネットで集客したときの800倍もの集客を行うことができました。このように、ターゲットとすべきお客様がどういう販促ツールから情報を得ているのかを知ることは、チラシ・DM・ホームページをつくるうえで非常に重要になるのです。

「A4」1枚アンケートを使えば、前述の自動車メーカーのような事態を防ぐことができます。「A4」1枚アンケートではQ2の回答が、お客様が自分の商品やサービスを知った販促ツールになります。自社の強みを伝える媒体を選ぶときには、Q2の回答を参考にしてください。

　販促ツールは大きく分けて、こちらから自分の強みを伝えていく販促ツール（プッシュ型販促ツール）と、お客様が情報を探したときに自分の強みが伝わる販促ツール（プル型販促ツール）の2つがあります。

　自社の強みをより広範囲のお客様に伝えたい場合は、プッシュ、プルをバランスよく活用することがポイントになります。

　以下に、それぞれの販促ツールの特性について説明していきましょう。

プッシュ型販促ツール（こちらから自分の強みを伝えていく販促ツール）

オフライン

「新聞折込チラシ」

チラシを新聞紙に折り込んでもらうためには、新聞折込代がかかります。折込代は「Ｂ４」１枚あたり約２・５円前後。（地域によって異ります）たとえば、１万枚配ると、約２万５０００円です。配布エリアは新聞販売店の管轄内になります。詳しくは最寄りの折り込み店にご確認下さい。

「郵送ＤＭ」

郵送ＤＭを送るためには、顧客リストをあらかじめ取っておくことが必要になります。顧客リストなしで郵送ＤＭを行う場合は、どこかの会社とタイアップして行うとよいでしょう。郵送ＤＭの場合は対象が明確になっているので、どのくらい送れば、どのくらいの反応があるかという費用対効果を数値化することができます。広告宣伝費のコスト管理にも役立ちます。

現在は、大手運送会社が行っているメール便などのサービスを活用することで、定型外や、定形郵便物では送ることができない重さのＤＭでも低価格で送付することができるようになっています。

「ＦＡＸＤＭ」

郵送ＤＭと同様に販促ツールを送付するためには、顧客リストが必要です。郵送ＤＭに比べて送付コストが安いので、費用対効果が高いといわれています。その一方で、紙面に限りがあるので、伝えたいことがすべて伝えられないという問題点もあります。

「ポスティング」

「Ｂ４」１枚のチラシを配るのに約３～11円。コストは新聞折込みと比べ高いものの、部数や配布エリア、配布期間、建物指定を自由に設定できるのが魅力です。

クルマ業界では、車検の案内をするときに車のフロントガラスの車検月がわかるシールを見て車検月が近い車がある家だけポスティングを行ってくれる業者もありました。このように細かな設定ができるのがポスティングの強みとなります。

「看板」

看板を置くところは、基本的に店や会社の周辺となります。看板はそのお店の周辺のお客様を集客するのに向いています。たとえば、地下にある飲食店などは、地上に看板を置いておくと、非常に目立つので集客効果も高くなります。しかも看板は一度つくってしまえば、コストはかかりません。

ただし、交通を妨げるような場所に置くことができなかったり、広範囲の人に伝えることができなかったりして、制約条件が多いのも事実です。看板製作費は会社によって異なりますが、立て看板は2万～4万円。電飾看板は4万～7万円ぐらいとなります。

「POP」

看板と同様で、店内や店周辺のお客様に宣伝するのに向いています。コストは紙代ぐらいで、何度もつくり直せるので便利です。最近はパソコンショップに行くと、いろいろなPOP作成用のソフトが売られているので、それを活用すれば、手書きの技術がなくてもPOPを簡単につくることができます。

「業界誌」

雑誌広告は読者対象が絞られており、有名な雑誌になればなるほど、反応も高く、また自分の商売やサービスの実績になります。広告出稿の金額はさまざまですが、一般的には数十万円単位の料金がかかり、コストは他の広告媒体に比べると比較的高いカテゴリーに入ります。

オンライン

「メルマガ」

メルマガとは、電子メールを利用して発行される雑誌のことです。コストをかけずに誰でも発行できるのが魅力ですが、その分、同じ業界のライバルも多く発行しているので、なかなか読者を増やすことは難しいとされています。

プル型販促ツール
（お客様が情報を探したときに自分の強みが伝わる販促ツール）

オフライン

「タウンページ（電話帳）・ミニコミ誌」

インターネットを利用しない世代をターゲットにする場合は効果的。ただし申込時期が決まっており、すぐには掲載できないのが難点です。また、サイズや配布数によって広告料が異なります。値引きや割引には対応してくれません。一方、ミニコミ誌は地域密着型の情報媒体です。数十万部規模発行部数の割にはコストが安く、たとえば大阪地域で1／8サイズ1色で3万5000円ぐらいから請け負っているところも。

オンライン

「ホームページ（ブログ）」

日本全国に発信することができ、インターネットを情報媒体として利用する世代をターゲットとするには、最適な情報媒体です。作成コストは業者に頼むと数十万円もかかりますが、自分でつくれば、ホームページ作成ソフト代とサーバ代等で済みます。

図14　販促ツールはプッシュ型、プル型の2つがある

プッシュ型販促ツール
（こちらから自分の強みを発信する販促ツール）

（オフライン）
新聞折込チラシ、郵送DM、FAXDM、
ポスティング、看板、POP、業界誌

（オンライン）
メルマガ

プル型販促ツール
（お客様が情報を探したときに
自分の強みが伝わる販促ツール）

（オフライン）
タウンページ、ミニコミ誌

（オンライン）
ホームページ、ブログ

↓

「A4」1枚アンケートQ2の回答を参考に
プッシュ、プルの情報媒体をバランスよく使う

チラシ・DM・ホームページの基本構造を知ろう

自分でチラシ・DM・ホームページをつくる場合でも、広告制作会社に依頼する場合でも、販促ツールというものが、一体どういうつくりになっているのかを知っていなければ、自社の強みが伝わっているのかどうかをチェックすることはできません。自社の強みを正しくアピールするためにも、チラシ・DM・ホームページの基本構造を知っておく必要があると思います。

商品やサービス、または媒体やスペースによって省く項目も出てきますが、通常チラシ・DM・ホームページは、

要素1　「ターゲットコピー」
要素2　「キャッチコピー」
要素3　「ボディコピー」

要素4　「提供する商品やサービスの詳細」
要素5　「裏づけとなる証拠」
要素6　「リスク対策」
要素7　「行動喚起」
要素8　「お問い合わせ」

の8つの要素から組み立てられています。

この要素にチラシ・DM・ホームページ基本コンセプトシートをアレンジして当てはめていくだけでチラシ・DM・ホームページはできてしまうのです。では、これからその8つの要素を紹介していきましょう。

要素1　ターゲットコピー

このお客様にこの商品やサービスを購入してもらいたいというターゲットへの呼びかけの文章が入ります。

たとえば、私の場合であれば、「広告をつくっても思ったような効果がない経営者の方へ」です。ターゲットコピーは、シンプルではなく、キーワードを入れて冗長と感じてもわかりやすい方がよいと思います。単純に「男性の方へ」とするよりも、「30代の男性の方へ」「30代で結婚できなくて悩んでいる男性の方へ」としたほうが、ターゲットとしているお客様に対してより伝わりやすくなります。

ターゲットコピー欄には、チラシ・DM・ホームページ基本コンセプトシートの①の要素をアレンジして入れるとよいでしょう。

要素2 キャッチコピー

キャッチコピーは、読んで字のごとくお客様の心をつかむための右脳的に印象づける文章が入ります。自分の商品やサービスをお客様の五感に訴え、悩みや欲求が解決したときのイメージをお客様自身に感じてもらう大事な文章となります。

私は、仕事柄、チラシやDM、ホームページなどを朝から晩まで見ているのですが、お客様に訴求できていないと考えるチラシ・DM・ホームページのほとんどが、このキャッチコピーのところでつまずいています。

本来、キャッチコピーが入らなくてはいけない場所に商品名や会社名が入ってしまっているのです。お客様はあなたの商品や会社名には残念ながら興味がないので、当然、お客様の目に留まることはありません。

キャッチコピーがお客様の興味をそそらなければ、その後の部分にいかに魅力的な言葉が書いてあったとしても、読んでもらうことはできません。

お客様はその商品を購入することで、自分がどう変わるのか、どういう欲求が満たされるのか、もしくは解消できるのかという購入後のイメージしか興味がないのです。だからこそ、お客様のイメージを喚起できる文章でなければいけません。

とはいえ、何も難しいことを言っているわけではありません。素直に、自分の商品やサービスを使った結果どうなるのかを文章にすればよいのです。

たとえば、私のセミナー案内であれば、「成功者続出！　禁断の広告セミナー」つまり成功する広告セミナーとなります。

キャッチコピーの欄には、チラシ・DM・ホームページ基本コンセプトシートの④の要素をアレンジして入れるとよいでしょう。

要素3　ボディコピー

キャッチコピーがお客様の右脳的なイメージを喚起する文章であれば、ボディコピーには左脳的な文章が入ります。いくら印象的なことをキャッチコピーで表現したとしても、それについてなぜそういえるのかということが論理的にしっかりと説明されていなければ、お客様は納得して購入してくれません。

そこでボディコピーによって具体的に説明するというわけです。

たとえば、魚介類の通販を行っている弁慶丸（76ページ）のケースでは「新鮮でおいしかった」という感想をアンケートから得ることができました。この場合、その新鮮の理由を細かくボディコピーとして記入します。

「漁師が毎朝水揚げした天然魚だけを提供しているから新鮮」
「漁師がその日の一番の魚を提供するから新鮮」

など、お客様の感想の理由を自分なりに考えることで、ボディコピーを書くことができます。

要素4　提供する商品やサービスの詳細

チラシ・DM・ホームページで販売する商品名、価格、スペック、写真などの商品説明が入ります。

要素5 裏づけとなる証拠

小さな会社は、社会的信用がありません。商品やサービスを提供するときに、信用してもらうため、誰が見ても納得する証拠を必要とします。

たとえば、過去の販売実績、ビフォアー&アフターの写真、公的機関による検査結果、数字（満足度割合、ランキング、歴史など）、資格（公的な資格、〇〇士、〇〇認定など）、表彰、名前（公的機関、有名企業、有名人）、推薦（お客様の感想）、マスコミ取材などがあります。これらをひとつでも多く集めて、広告で伝えることで商品やサービスが本物であることをお客様に信じてもらいます。

私のようなコンサルタントの場合、商品は姿形のない情報になります。商品であれば、手に取って吟味することができますが、コンサルタントの場合では、提供されるサービスについて吟味のしようがありません。

そこで、裏づけとなる証拠は、私がコンサルタントとして、いかに信頼できる人間であるかわかることが重要になってきます。

そこで私が常に意識しているのが、誰が見てもわかるような実績を残すということです。

たとえば、審査の厳しい公的機関でのセミナーを積極的に引き受けたり、セミナーを開催したときにその様子を写真に撮っておくだけなのです。

セミナーの写真を撮影しておいて、それをホームページに掲載すれば、それが講演セミナー実績になります。そして、その実績が積み重なって誰もが認める重要な客観的な証拠となります。

私の場合は、それにもうひと工夫しています。リアリティを伝えるために、そのときに使ったセミナーチラシなどを掲載したり、セミナー参加者の感想を同時に掲載したりするようにしています。「写真」「セミナーのチラシ」「参加者の感想」の3つを掲載することで、少しでも信頼してもらえるように、工夫をしているのです。

お客様の信頼を得るために、お店や会社が信頼される証拠をひとつでも多く集めるようにしてください。信用は掛け算です。多ければ多いほどより信用されます。

裏づけとなる証拠の欄には、チラシ・DM・ホームページ基本コンセプトシートの⑤の要素からどういう証拠があればお客様の購入行動に結びつくかを考えていれましょう。

要素6 リスク対策

リスク対策とは、お客様の購入不安への対策のことをいいます。お客様が抱く、購入不安とは、お客様のイメージしていたとおりの効果が商品やサービスから得られなかった場合に起こります。

たとえば、通販で食品を購入したいが美味しくなければどうしようとか、つまらないセミナーだったらどうしようなどの商品やサービスの効果に対する不安です。一般的に言って、商品やサービスの価格が安い場合は、お客様は、あまり購入不安を抱くことはありません。しかし、不動産やリフォームなどの高額商品の場合や経営コンサルタントなどの形のないサービスの場合は、お客様の購入不安が高まるので、それに対する対策が必要になります。

岐阜県で屋根・外壁を中心にリフォームを行っている中村ワークスの中村元泰さんは、ホームページをリニューアルする際に、アンケートをお客様に行いました。すると、悪徳訪問販売リフォーム会社に騙されて、屋根や外壁のリフォームで失敗された方が多く、満足できるリフォームをしてくれるかどうか不安という声が多かったといいます。

そこで、屋根や外壁のリフォーム業界ではあまり例のない成功報酬制度を導入し、満足いただけない場合は、工事代金の請求はしないことを決めました。

また、工事途中の経過がわからないのが不安に思っているお客様に対して、工事経過の写真を見せたりしています。ホームページには、工事工程を動画で紹介したり、中村さん自ら動画ビデオで紹介したりしています。

お客様の購入不安を取り除くありとあらゆる対策を講じることによって、岐阜県ではなんと顧客満足度No・1。リフォームの依頼が殺到しています。参考までに彼のサイトを訪れてみてください（http://www.sk-nw.com/）。

心理カウンセラーの北端康良さんも、「A4」1枚アンケートでリスク対策を行いさらに信頼が増えた人です。北端さんは、過去5000件以上のカウンセリングをこなし、東京・大阪・福岡にて500回以上の心理セミナーを開催し、300人以上の心理カウンセラーの育成に力を入れ、マスコミ登場も多数あるのですが、そのすごい実力が伝わらず、紹介は多いのですがホームページからの新規顧客の獲得が思ったようにできていませんでした。

そこで「A4」1枚アンケートを取ってみると、カウンセリング後の効果がよくわからないから利用されない新規のお客様が多いことがわかりました。そこで、ホームページにお客様の声を載せることで、カウンセリング後の効果を明確にしていきました。このリスク対策を取ったことで、カウンセリングの依頼が一気に増えました（http://www.counselingstyle.

com/)。

このように売上を上げるためには、自分のビジネスに合ったリスク対策を立てることが重要になります。リスク対策の欄には、チラシ・DM・ホームページ基本コンセプトシートの③の解決策を自分で考えて入れるとよいでしょう。

要素7 行動喚起

行動喚起とは、お客様に購入を促す、最後のひと押しを行う文章が入ります。たとえば、通販会社であれば、「まずはお電話を！」という言葉が入りますし、建築会社の現場見学会の広告であれば「今すぐ見学会にお越しください！」という文章が入ります。なぜこのような文章を入れるかというと最初の行動を促してあげると、人は行動しやすくなるからです。チラシやホームページで多く見られるのが、この行動喚起の部分の文章のサイズを大きくしたり、目立たせたりしていることです。

もちろん、行動喚起の文章は非常に重要ではありますが、行動喚起の前段階にあたるキャッチコピーやリスク対策、裏づけとなる証拠などの購入プロセスも見逃してはいけません。

要素8　お問い合わせ

お問い合わせの欄は、商品やサービスを購入するために、どこに連絡すればいいのかという連絡先を記入します。連絡方法はＴＥＬ、ＦＡＸ、メールアドレス、ＵＲＬ、地図、返信ハガキなどさまざまですが、できればひとつでも多く用意するのがポイントになります。

電話のみ、ＦＡＸのみ、メールのみなどのように連絡先が少なすぎると、お客様の面倒くさいという心理負担が高まってしまい、購入意欲が低下してしまうこともあります。連絡先を多く掲載すること自体がリスク対策につながります。

また、連絡先を記入する際に気をつけなければいけないのが、媒体に合わせた問い合わせ方法を必ず用意しておくということです。たとえば、ＦＡＸＤＭなのに、Ｅメールの問い合わせ先しか掲載されていないというのでは、お客様も躊躇してしまいます。また、ＦＡＸＤＭであれば、すぐにＦＡＸで返信できるように記入スペースを設けておくことは大切です。

図15　チラシ・DM・ホームページの８つの要素と基本構造

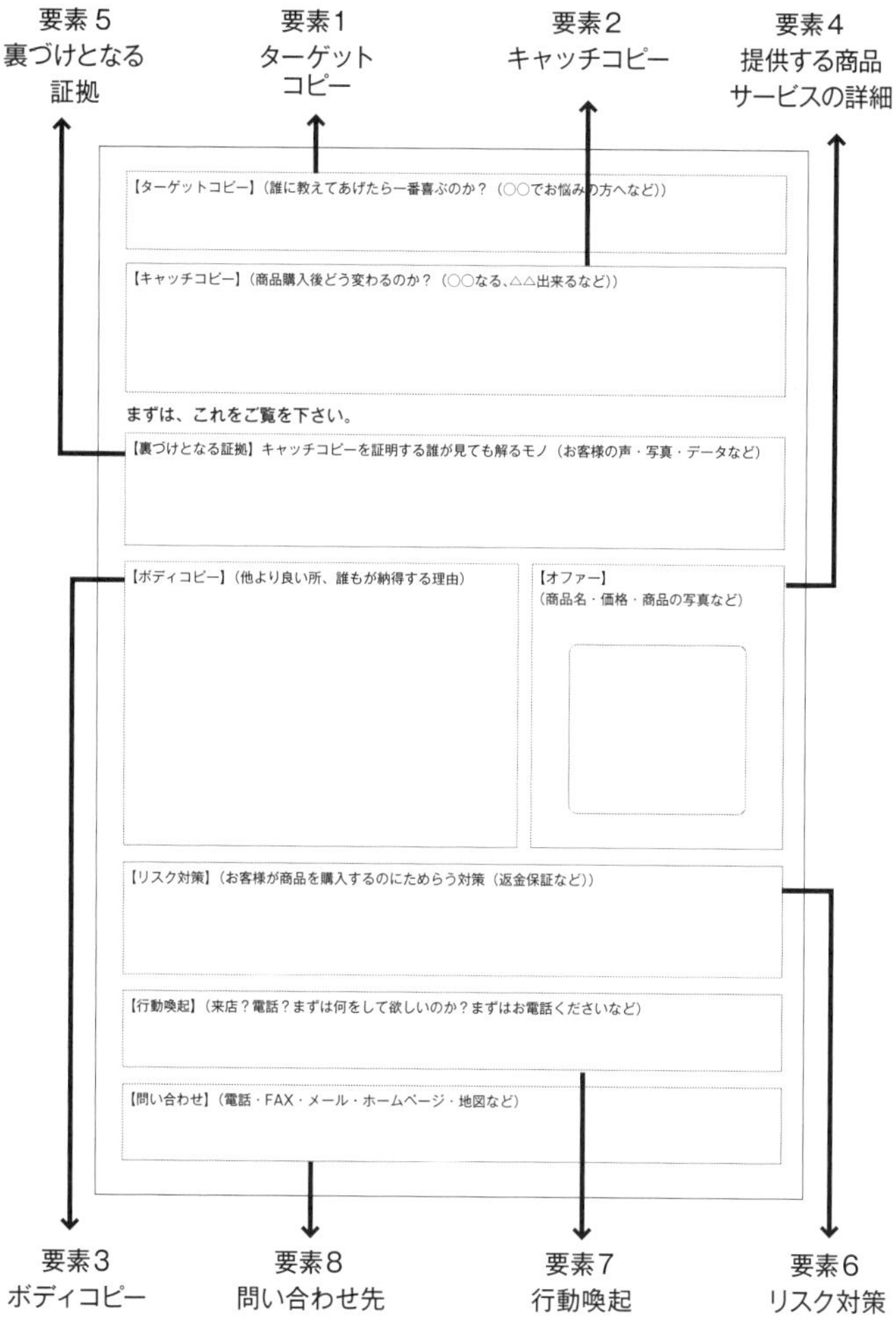
要素５
裏づけとなる証拠
要素１
ターゲットコピー
要素２
キャッチコピー
要素４
提供する商品サービスの詳細
【ターゲットコピー】（誰に教えてあげたら一番喜ぶのか？（○○でお悩みの方へなど））
【キャッチコピー】（商品購入後どう変わるのか？（○○なる、△△出来るなど））
まずは、これをご覧を下さい。
【裏づけとなる証拠】キャッチコピーを証明する誰が見ても解るモノ（お客様の声・写真・データなど）
【ボディコピー】（他より良い所、誰もが納得する理由）
【オファー】
（商品名・価格・商品の写真など）
【リスク対策】（お客様が商品を購入するのにためらう対策（返金保証など））
【行動喚起】（来店？電話？まずは何をして欲しいのか？まずはお電話くださいなど）
【問い合わせ】（電話・FAX・メール・ホームページ・地図など）
要素３
ボディコピー
要素８
問い合わせ先
要素７
行動喚起
要素６
リスク対策

事例でアンケート集計からチラシ・DM・ホームページまで作成過程を紹介

チラシ・DM・ホームページの基本構造は理解できたものの、「A4」1枚アンケートから得られた結果をどのように8つの要素に振り分けていくかという作業に不安を持っている人も多いと思います。

そこで、冒頭で紹介しました住友林業ホームサービスさんの不動産売却募集チラシ、ジョイ家電いまいさんのオール電化製品DM、MFCさんの加齢臭専門サプリメントホームページ無臭物語の実例をもとにチラシ・DM・ホームページの作成過程を「A4」1枚アンケートの集計から、実際のチラシ・DM・ホームページまで紹介します。

これまでの説明で理解できなかった人もそうでない人も、ここでもう一度、チラシ・DM・ホームページのつくり方を確認してください。

売れるチラシ事例（住友林業ホームサービス）

まず住友林業ホームサービスさんの「チラシ」の作成過程を見てみましょう。過去のお客様に対する「Ａ４」１枚アンケート調査の結果、多かった意見では、次のようなことがわかりました。

Q１「不動産の売却を依頼する前、どんなことをお考えでしたか？」（第１段階）

・納得の価格（イメージしている価格）で売れるかどうか不安

Q２「住友林業ホームサービスをどこで知りましたか？」（第２段階）

・チラシ

Q３「住友林業ホームサービスを知ってすぐに依頼しましたか？　しなかった場合、なぜ依頼しなかったのか教えてください」（第３段階）

・相談したら、必ず物件を売らなくてはいけなくなるのではないかと思った

・初めて訪れるお店なので、どんなお店なのか？どんな人がいるのか？　不安に思った

Q４「何が決め手となって住友林業ホームサービスに依頼しましたか？」（第４段階）

・住友林業系の不動産会社なので安心だと思った

Q5 「実際に依頼してみていかがですか？」（第5段階）

・きめ細かで迅速な対応が非常によかった

・依頼してよかった

次に「A4」1枚アンケートから得られた結果をチラシ・DM・ホームページ基本コンセプトシートに記入し、住友林業ホームサービスさんの強みを確認します。

図16 アンケートの結果を「チラシ・DM・ホームページ基本コンセプトシート」に記入する

(②強みを伝えるのに使う利用媒体/Q2の回答)


「(①悩み/Q1の回答)を持っていませんか?」

あなたと同じように(①悩み/Q1の回答)を持っていた人が、この商品(サービス)を購入して、今では(⑤感想/Q5の回答)と思っています。

この商品は(④決め手/Q4の回答)がお勧めです。

とはいっても、(③すぐに買わなかった理由/Q3の回答)が不安ですよね。

そこで当社(当店)では、○○○という特典や対策を用意しました。

まずはお問い合わせください。

↓

(②チラシ)


「(①納得の価格で売れるかどうかという悩み)を持っていませんか?」

あなたと同じように(①納得の価格で売れるかどうかという悩み)を持っていた人が、住友林業ホームサービスで売却して、今では(⑤きめ細かで迅速な対応をしてもらったので、依頼してよかった)と思っています。

住友林業ホームサービスは(④住友林業系の不動産仲介業者なので安心というところ)がお勧めです。

とはいっても、(③相談したら必ず物件を売らなくてはいけないとか、お店の雰囲気やスタッフの顔が見えないの)が不安ですよね。

そこで「当社(当店)では、秘密厳守、相談無料、ちょっと金額を知りたい方もOK」という言葉を入れておくだけでなく、お店の雰囲気がわかる写真、スタッフの顔写真を入れておきます。

まずはお問い合わせください。

基本コンセプトシートから8つの要素を考える

基本コンセプトシートが完成したら、それをもとに、チラシ・ＤＭ・ホームページの8つの要素を考えて、売れるチラシ・ＤＭ・ホームページをつくります。

要素1 ターゲットコピー

「自宅や土地を売ろうと思っている方へ!! 納得の価格で売れるか悩んでいませんか?」

ここでは、基本コンセプトシートの①の要素（納得の価格で売れるのかどうかという悩み）をアレンジして入れます。納得の価格で売れるかどうか悩んでいる人が多かったので、ターゲットコピーにそれを活かしています。また悩んでいる人は、相談するまでに時間がかかる場合があるので、ターゲットコピーの横に「保存版」という目立つ文字を入れるようにしました。

要素2 キャッチコピー

「住友林業の不動産仲介に依頼して好条件で売却できたというお声をたくさんいただいております」

ここでは、基本コンセプトシートの④（住友林業の不動産仲介業者なので安心というところ）の要素をアレンジして入れます。住友林業というハウスメーカー大手であることは他社にない強みになります。しかも「好条件」であるということをアピールします。

要素3 ボディコピー

ここでは基本コンセプトシートの⑤（きめ細かで迅速な対応をしてもらったので、依頼してよかった）の要素をアレンジして入れます。アレンジの仕方は、お客様の評価の理由を論理的に説明することです。たとえば、なぜ安心なのか、なぜきめ細かく、迅速に対応ができるのか、なぜ好条件で売却できるのかを論理的に説明することです。地域密着型営業、各種の保証制度、即時買取制度、オリジナルの売却プランなどが用意されていることをボディコピーで表現しています。

要素4 提供できる商品やサービス

住友林業ホームサービスさんは、不動産仲介がサービスです。このチラシの目的は、FAX無料査定をまず体験してもらうことですから、提供できる商品やサービスはFAX無料査定となります。

要素5　裏づけとなる証拠

ここでは、基本コンセプトシートの⑤の要素（きめ細かで迅速な対応をしてもらったので、依頼してよかった）をアレンジして入れます。不動産仲介は形のないものなので、お客様の喜びの声を直接掲載することが、商品やサービスの質を裏づける証拠となります。

要素6　リスク対策

ここでは基本コンセプトシート③の要素（相談したら必ず物件を売らなくてはいけないとか、お店の雰囲気やスタッフの顔が見えないのが不安）の具体的な解決策を提示します。③では相談したら必ず売らなくてはいけないのかとか、お店の雰囲気、どんな人が対応してくれるのかに対する不安が最も大きかったので、お店の雰囲気を写真で掲載することにしています。

また、スタッフの顔写真も掲載。ＦＡＸによる無料査定にも、「〃今いくらぐらいで売れるのかちょっと知りたいだけ〃という方も気軽にご相談ください」という文章を掲載すること

図17　基本コンセプトシートから チラシの8つの要素を考える

（②チラシ）

「（①納得の価格で売れるかどうかという悩み）を持っていませんか?」

あなたと同じように（①納得の価格で売れるかどうかという悩み）を持っていた人が、住友林業ホームサービスで売却して、今では（⑤きめ細かで迅速な対応してもらったので、依頼してよかった）と思っています。

住友林業ホームサービスは（④住友林業系の不動産仲介業者なので安心というところ）がお勧めです。

とはいっても、（③相談したら必ず物件を売らなくてはいけないとか、お店の雰囲気やスタッフの顔が見えないの）が不安ですよね。

そこで当社（当店）では、秘密厳守、相談無料、ちょっと金額を知りたい方もOKという言葉を入れておくだけでなく、お店の雰囲気がわかる写真、スタッフの顔写真を入れておきます。
まずはお問い合わせてください。

図 18　住友林業ホームサービスさんのチラシの8要素

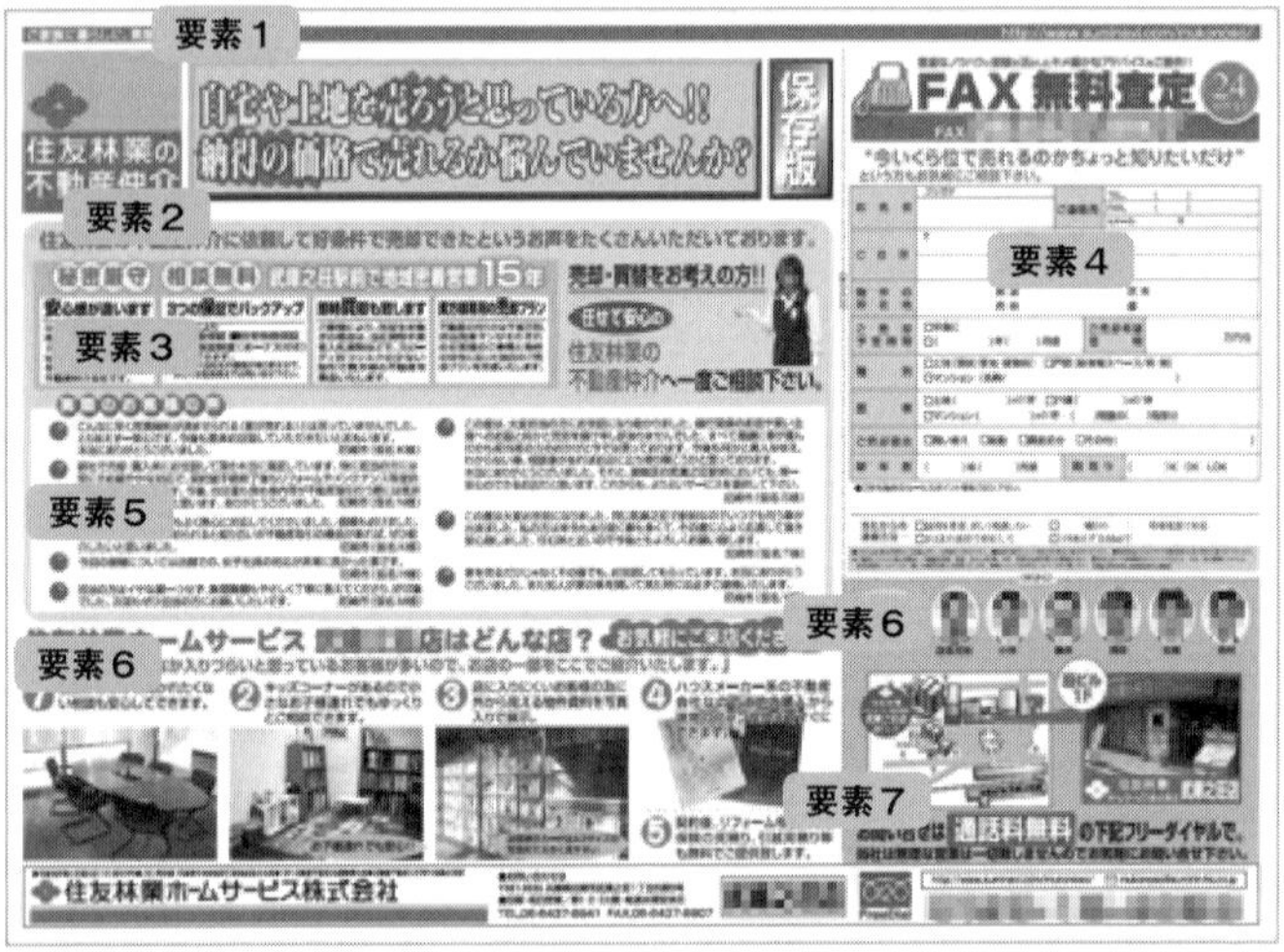

で、購入に対する不安を解消しています。

要素7 行動喚起

「売却・買い替えをお考えの方!! 任せて安心の住友林業の不動産仲介へ一度ご相談ください」ここでは基本コンセプトシートの①と⑤からアレンジして文章を作成しています。安心感を得てもらうために、スタッフの女性の写真を掲載しています。

要素8 お問い合わせ

地図とフリーダイヤルの電話番号を掲載しています。ここでも安心感を誘うために、「当社は無理な営業は一切しませんのでお気軽にお問い合わせください」という文章を掲載しています。

売れるＤＭ事例（オール電化製品）

次に、ジョイ家電いまいさんのオール電化家電についてのＤＭを見てみましょう。「Ａ４」１枚アンケートを取ったところ、次のようなことがわかりました。

Ｑ１　オール電化製品にする前にどんなことで悩んでいましたか？

・原油価格が値上がりしているので、光熱費が少しでも安くならないかと思っていた。

Ｑ２　オール電化製品のよさをどこで知りましたか？

・以前からテレビＣＭを見たので知っているが、電器屋さんに行ったときに、詳しく教えてもらった。

Ｑ３　オール電化製品を知ってすぐ工事しましたか？　しなかった方はなぜですか？

・オール電化製品がどんなものか、よくわからなかった。

・今よりいくらぐらい安くなるのかがわからなかった。

・本当に安くなるのかということがわからなかったので、すぐには工事を依頼しなかった。

Ｑ４　何が決め手になってオール電化製品に替えようと思ったのですか？

・原油価格がこれからもっと値上がりしたら、オール電化家電のほうが得すると思ったから。
・オール電化製品のほうが、ガスよりも光熱費が安くなると考えたから。

Ｑ５　実際に使ってみていかがですか？

・節約ができて毎日楽しく使っています。
・ボイラーでお湯を沸かしていたために、灯油代が毎月１万～２万円かかっていたが、オール電化製品にしてからは、10分の１の２０００円になった。

次に「Ａ４」１枚アンケートから得られた結果をチラシ・ＤＭ・ホームページ基本コンセプトシートに記入し、オール電化製品の強みを検証します。

図19 アンケートの結果を「チラシ・DM・ホームページ基本コンセプトシート」に記入する

(②強みを伝えるのに使う利用媒体／Q2の回答)

「(①悩み／Q1の回答) を持っていませんか?」
あなたと同じように (①悩み／Q1の回答) を持っていた人が、この商品 (サービス) を購入して、今では (⑤感想／Q5の回答) と思っています。
この商品は (④決め手／Q4の回答) がお勧めです。
とはいっても、(③すぐに買わなかった理由／Q3の回答) が不安ですよね。
そこで当社 (当店) では、○○○という特典や対策を用意しました。
まずはお問い合わせください。

↓

(②DM)


「(①光熱費を節約したいという悩み) を持っていませんか?」

あなたと同じように (①光熱費を節約したいという悩み) を持っていた人が、このオール電化家電を購入して、今では (⑤光熱費を従来の10分の1に節約できて喜んで) います。

この商品は、(④原油価格が高騰し、光熱費が上がれば上がるほど) オススメです。

とはいっても、(③オール電化家電と聞いても、よくわからない方がいらっしゃると思います。また、商品価格が1台98万円もするのに実際に節約ができなかったら) 不安ですよね。そこで、実際にオール電化家電を使って、光熱費を節約した実例を具体的に紹介します。

また、自分の家の光熱費がオール電化家電を使うといくら節約できるのかシミュレーションできるサービスも無料で用意しました。

まずはお問い合わせください。

基本コンセプトシートから8つの要素を考える

この基本コンセプトシートをもとに、8つの要素を組み合わせて売れるDMをつくります。オール電化製品の認知度が低いので、DMの表と裏の両面に自社の強みと商品の情報を掲載するようにしました。

要素1　ターゲットコピー

「光熱費を節約したいと思っている方へ」

ここではテンプレートの①の要素（光熱費を節約したいという悩み）を入れます。「A4」1枚アンケートによって集計した結果、灯油のボイラーで給湯を行っている家族が4人以上のご家庭で、特に光熱費を節約したいというお客様が多かったというデータが出ました。そこで、単に「光熱費を節約したいと思っている方へ」というターゲットコピーとは別に、「家族が4人以上で、光熱費が高いと思っている方へ」というターゲットコピーも作成しました。

要素2 キャッチコピー

「光熱費を10年で約100万円節約する方法」

ここでは、テンプレートの④の要素（原油価格が高騰し、光熱費が上がる）をアレンジして入れます。お客様にオール電化製品を使うことがいかに節約に結びつくかということを紹介するため、「10年で100万円節約する方法」と具体的な数字を出すことで、お客様にイメージをしてもらいやすいように工夫をしています。

要素3 ボディコピー

キャッチコピーが「光熱費を10年で約100万円節約する方法」とあるため、ボディコピーでは、テンプレートの⑤の要素（光熱費を従来の10分の1に節約できて喜んでいる）をアレンジしながら、論理的にどうしてそんなことが可能なのかを詳しく検証していく必要があります。ここではQ&Aという形式で、光熱費が10分の1になったお客様の話をもとに、料金が安い深夜電力を活用することによって、光熱費を節約するオール電化製品の紹介をしています。

要素4 提供できる商品、サービス

1台設置するのに98万円もかかる商品であるため、お客様のマイナスイメージが購入直前まで蔓延しないように、早い段階できちんと表現することが大切になります。金額が高いことを前もってお客様に伝えることもリスク対策の一環となります。

要素5 裏づけとなる証拠

ここでは、テンプレートの⑤の要素（光熱費を従来の10分の1に節約できて喜んでいる）をアレンジして入れています。直筆のお客様の感謝の声を掲載したり、電気代の領収書を掲載したりして、チラシの信頼度を上げることができます。

要素6 リスク対策

1台98万円のオール電化家電の節約効果について具体的に、図を使ったりして説明するとともに、リスク対策として、オール電化家電の分割払いの提案をしています。また、単純に分割払いの提案をするのではなく、分割払いをしても、光熱費を節約した分で支払えるので、月々1万円で支払った場合、10年目からはオトクになるということをうたっています。

図20　基本コンセプトシートから チラシの8つの要素を考える

（②DM）

「（①光熱費を節約したいという悩み）を持っていませんか?」

あなたと同じように（①光熱費を節約したいという悩み）を持っていた人が、このオール電化家電を購入して、今では（⑤光熱費を従来の10分の1に節約できて喜んで）います。

この商品は、（④原油価格が高騰し、光熱費が上がれば上がるほど）オススメです。

とはいっても、（③オール電化家電と聞いても、よくわからない方がいらっしゃると思います。また、商品価格が1台98万円もするのに実際に節約ができなかったら）不安ですよね。

そこで当社では、実際にオール電化家電を使って、光熱費を節約した実例を具体的に紹介しています。また、自分の家の光熱費がオール電化家電を使うといくら節約できるのかシミュレーションできるサービスも無料で用意しました。

まずはお問い合わせください。

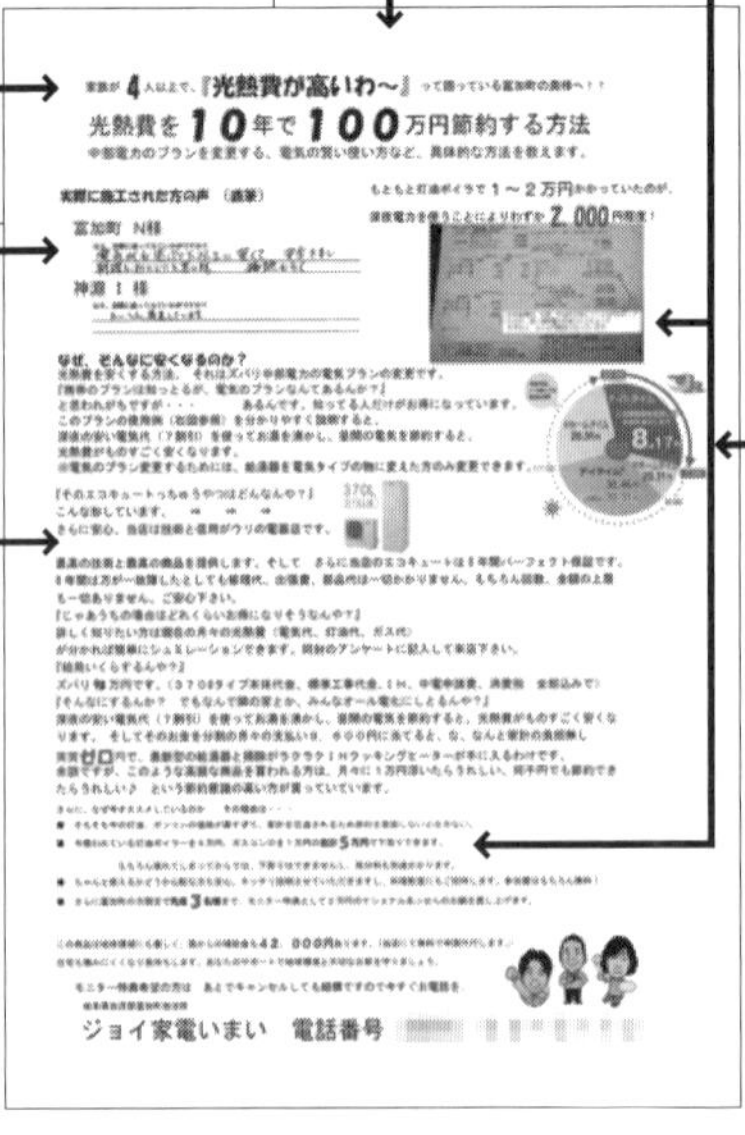

図21　ジョイ家電いまいさんのDMの8要素

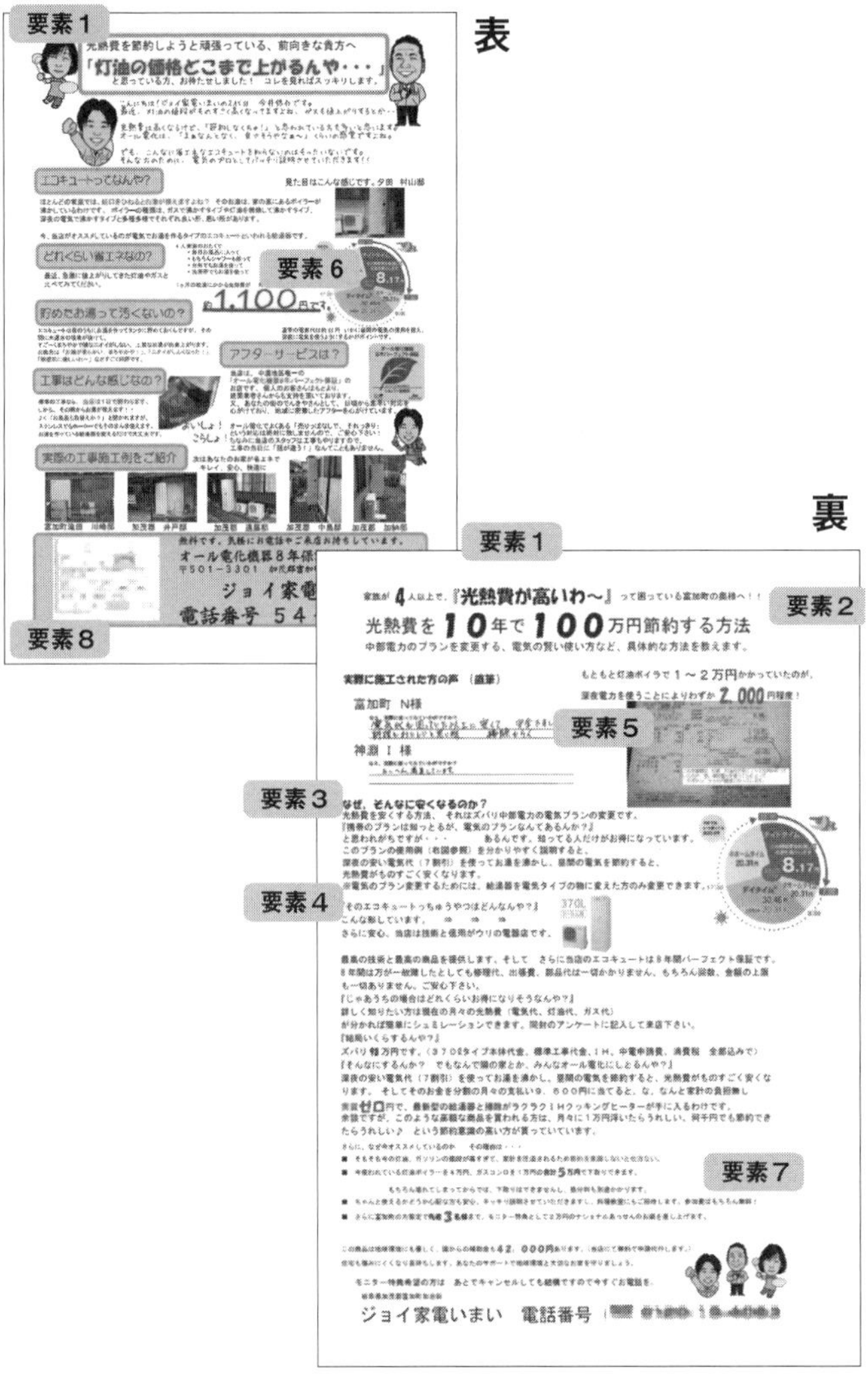

要素7　行動喚起

「自宅の光熱費（電気代、灯油代、ガス代）がわかれば、シミュレートすることができるので、同封のアンケートに記入してご来店ください」

と、このようなメリットと交換のうえで来店の行動喚起を行っています。

要素8　お問い合わせ

年配のお客様が多いので、連絡先は問い合わせしやすい電話と地図を掲載しています。

売れるホームページ事例（加齢臭専門サプリメント「無臭物語」）

最後は、加齢臭専門サプリメント「無臭物語」のホームページを見てみましょう。「A4」1枚アンケートを取ったところ、次のようなことがわかりました。

Q1　無臭物語を購入する前、どんなことで悩んでいましたか？

・妻や娘から近くにいると嫌がられるようになった

Q2　無臭物語をどこで知りましたか？

・インターネットで検索してホームページを見つけた

Ｑ３　無臭物語を知ってすぐ購入しましたか？　しなかったらなぜですか？
・本当に効くのかどうかわからなかった
・この会社は信用できるのかが気になった
Ｑ４　何が決め手となって無臭物語を購入しましたか？
・返金保証
Ｑ５　実際に使ってみていかがですか？
・ニオイを気にすることなく生活出来る様になった

次に「Ａ４」１枚アンケートから得られた結果をチラシ・ＤＭ・ホームページ基本コンセプトシートに記入して、加齢臭専門サプリメント「無臭物語」の強みを確認します。

図22　アンケート結果を「チラシ・DM・ホームページ基本コンセプトシート」に記入する

（②強みを伝えるのに使う利用媒体／Q2の回答）


「（①悩み／Q1の回答）を持っていませんか?」

あなたと同じように（①悩み／Q1の回答）を持っていた人が、この商品（サービス）を購入して、今では（⑤感想／Q5の回答）と思っています。

この商品は（④決め手／Q4の回答）がお勧めです。

とはいっても、（③すぐに買わなかった理由／Q3の回答）が不安ですよね。


そこで当社（当店）では、○○○という特典や対策を用意しました。

まずはお問い合わせください。

↓

（②インターネット）


「（①加齢臭を何とかしたいという深い悩み）を持っていませんか?」

あなたと同じように（①加齢臭を何とかしたいという深い悩み）を持っていた人が、

「無臭物語」を購入して、今では（⑤ニオイを気にすることなく生活出来る様になった）と思っています。

「無臭物語」は、（④効果に納得できなければ商品代金を全額返金いたしますので）お勧めです。


とはいっても、（③この会社は信用できるのか）が不安ですよね。

そこで当社では、有名雑誌の取材記事やニュース番組の取材記事、実際のお客様の声を用意しました。

お気軽にお申し込みください。

りますます。

基本コンセプトシートから8つの要素を考える

この基本コンセプトシートをもとに、8つの要素を組み合わせて売れる販促ツールをつくります。

要素1 ターゲットコピー

「自分の加齢臭をなんとかしたい！　と深く悩んでおられる方へニオイを気にすることなく、生活してみませんか？」

ここでは、基本コンセプトシートの①の要素（加齢臭を何とかしたいという深い悩み）をほぼそのまま入れます。加齢臭のことで深く悩んでいる人が意外に多かったことが、「A4」1枚アンケートから判明したので、ターゲットコピーを大きく扱っています。

要素2 キャッチコピー

「ニオイを気にすることなく生活してみませんか？」をうたうことによって、お客様のイメージを喚起しています。「効果に納得できなければ、商品代金を全額返金いたします」という基本コンセプトシートの④の要素（効果に納得できなければ商品代金を全額返金いたします）をそのまま入れることによって、購入に対する心理的なハードルを下げる役目を果たしています。

要素3 ボディコピー

基本コンセプトシートの⑤の要素（ニオイを気にすることなく生活できるようになった）に対する理由を説明いたします。ここでは加齢臭の発生メカニズムを考えてつくられたサプリメントの説明を紹介いたします。

要素4 提供される商品やサービス

無臭物語の写真をターゲットコピーやキャッチコピーの周りに配置することで、商品の信ぴょう性を高めています。

要素5 裏づけとなる証拠

お客様の声だけではなくて、世の中にも認められている商品であるとして、トップページの周りには、有名雑誌での掲載やテレビでの取材などのマスコミの掲載歴も豊富に載せています。

要素6 リスク対策

本当にサプリメントの効果があるのかどうかということについて不安を抱いているお客様が非常に多かったことが基本コンセプトシートの④の要素（効果に納得できなければ商品代金を全額返金いたします）から理解できます。

また、体験談やマスコミ掲載だけでは、効果に対しての合理的な根拠になりません。そこで、お客様の購入に対する不安を払しょくするために、リスク対策として、効果がなかった場合の返金保証を掲載しています。

他にも「よくある質問（ＦＡＱ）」のコーナーを設けて、そちらでも返金保証についての詳細を掲載しています。また、「お客様へのお約束」というページでも、返金保証について詳しく述べています。

要素7 行動喚起

キャッチコピーの周辺に、「ショッピングカート」にアクセスできる「無臭物語の購入はこちら」のボタンを配置。行動喚起を促す仕組みになっています。

要素8 お問い合わせ

インターネットですぐ注文できるだけではなく、「加齢臭相談室」と題して専門スタッフに直接ダイレクトコールができる相談コーナーを用意。どうしたらよいのか迷っている人も気軽に連絡ができるようになっています。

図 23　基本コンセプトシートから チラシの8つの要素を考える

（②インターネット）


「（①加齢臭を何とかしたいという深い悩み）を持っていませんか?」

あなたとおなじように（①加齢臭を何とかしたいという深い悩み）を持っていた人が、

「無臭物語」を購入して、今では（⑤ニオイを気にすることなく生活できるようになった）と思っています。

「無臭物語」は、（④効果に納得できなければ、商品代金を全額返金いたしますので）お勧めです。

とはいっても、（③この会社は信用できるのか）が不安ですよね。

そこで当社では、有名雑誌の取材記事やニュース番組の取材記事、実際のお客様の声を用意しました。

お気軽にお申し込みください。

図24　無臭物語のチラシの8要素

お客様に信用してもらえる証拠はなければつくる

お客様の感想を掲載することやサービスを提供しているところを写真で掲載すること以外にも、お客様に信用してもらえる証拠づくりの方法はたくさんあります。

第1に、何でもいいので自分の商品やサービスのナンバーワンを探すことです。たとえば、「当店の年間売上ナンバーワン」「お客様のアンケートで第1位」「30代男性が購入する商品のNo・1」など、どんなジャンル、尺度でもいいので、1番になれる証拠を探すとよいのです。

たとえば、私の場合でいうと、大阪市のコンサルティング機関といわれている大阪産業創造館の創業・経営に関する相談窓口「あきない・えーど」でコンサルタントとして登録された際、登録初年度にもかかわらず、マーケティング・営業部門で面談件数が一番多かったことがありました。

そこでマーケティング、営業部門面談件数No・1という実績をホームページに掲載していました。なぜなら面談件数No・1という実績はこれから相談しようと思うお客様にとって誰に相談すればいいか悩んだとき、一つの判断基準になると思ったからです。案の上、掲載してからは更に面談件数が増えました。


第2に、社会的に権威がある人や地位のある人から推薦してもらうということです。たとえば、「○○先生が推薦します」「○○博士が注目している」など、社会的地位のある人から推薦してもらうことで、お客様に信用してもらいやすくなるのです。

私の場合でいうと推薦をしてもらうときには、本を出版している人などから推薦文を書いてもらっています。著者は知名度があります。そして、知名度のある第三者から推薦されている人物であれば、信頼がおけるとお客様に思ってもらえるからです。

第3にさまざまなセミナーに参加してセミナー講師と仲良くなり、その講師に自分を紹介してもらう方法もあります。

図 25　岡本達彦の推薦状

繁盛店の「ほめる」仕組み 著者　西村貴好様

岡本さんのセミナーに何度も参加させて頂いていますが、
参加するたびに、必ず、すぐに使えるネタが用意されています。
それも、その時々の時流にあったもので、
即効性があり、しかも導入容易なものばかり。
セミナー休憩時間に！会社に電話で指示を出して、
いただいたヒントの改善実行指示！ということもしばしば。

実践的、すぐに使えて、しかも効果が確実で、高い！
そして、「なんだか自分にもできそう！」という気にさせてくれる、
敷居の低い(笑)凄腕コンサルタントです。

近くにいらっしゃる、すぐに相談できる、気軽にセミナーに行ける、
このありがたさに、心から感謝しています。

「アンケート一つも『何気なくとらない！』」
岡本さんに教えていただいた、この気づきで、
弊社C'sは、いったい、いくらの価値を手に入れたことでしょうか。
有り難い！

繁盛店の「ほめる」仕組み 著者
有限会社C's　代表取締役　西村貴好様

昭和43年ホテル・不動産経営を家業とする一族の長男として生まれる。
大学を卒業後、株式会社野村不動産に就職。その後家業のホテルを継ぐ。

お客様に満足感・幸福感を味わってもらうためには、スタッフ自身がまず、
満足感・幸福感を味わうのが一番だと輝くスタッフをつくりだす為の
覆面調査会社ホスピタリティ・デザインC'sを創業。

その理念・活動が認められ、大阪府の橋下知事からの依頼により、
平成20年9月〜12月に「大阪府ホスピタリティ向上調査」を実施。

御社の売上を増大させるUSPマーケティング　著者 加藤洋一様

岡本さんのすごいところはなんといっても販促アイデアとその実践力です。
先日、彼と打ち合わせをしていた際の出来事でした。クライントからの急な
「ちらし」に対する改善相談に対して即興で添削アドバイスを行っていたのには
驚かされました。
やむを得ない状態で準備もろくに出来ていない状態ながら的確なアドバイスを
次から次へと繰り出していたのです。そして一つ一つが的確なのです。
某自動車ディーラーの広告を扱っている広告代理店に勤めていただけあって
何百億もの販促ツールを作りこんできた実績と経験に裏打ちされているのでしょう。
ディーラーの場合の販促は、中小企業と相違あると考えがちですが、そんなことは
ありません。ある一定のエリアの需要を喚起するための施策として使う販促ツールは、
「ちらし」と「DM」が主なものであり、岡本さんは、それらのエキスパートなのです。
そんな才能を持っているからこそすごい販促結果がでるのだと思っています。

御社の売上を増大させるUSPマーケティング
〜ウリカ(りょく)を強化する差別化戦略〜著者
株式会社ユニークセリング・プロポジション 代表取締役　加藤洋一様
中小企業の販売・営業面から業績を上げる若手コンサルタント。
サラリーマン時代、法人向けセールスを8年間担当。トップセールスマンとしての経験を持つ。
1999年に独立。ホームページ制作会社を経営し、業界でも圧倒的な収益体制の会社に。
しかし、企業を営業支援するツールがホームページだけに偏ることを嫌い、営業権を売却する。
その後コンサルタントとなり、より多方面の営業支援をしている。
企業の潜在的な強みを掘り起こし、その1点に絞り込んだセールス文章を書くことを得意
としている。これらをまとめた「USPマーケティング」と呼ばれる手法を日本で初めて刊行する。
取り扱うツールのジャンルは幅広く、ホームページ、チラシ、DM、動画など。
現在までにアドバイスしたクライントの数は100を超え、規模・業種を問わず、
多くの中小企業の売上アップを成功させている。

チラシ・DM・ホームページに関する関連法案もチェックする

チラシ・DM・ホームページを作成するうえで、気をつけなければいけないのは、広告も法律によって規制が設けられているということです。具体的には景品表示法の規制範囲内で、作成しなければなりません。法律違反を犯してしまえば、せっかくお金と時間をかけてアピールしたのに、お客様の信頼を失う結果になりかねません。

景品表示法は、正式には「不当景品類及び不当表示防止法」といいます。

つまり、この法律は、品質や価格などで不当な表示や過大な景品類の提供が行われると、質がよくて適正な価格のものを選ぼうとするお客様の判断力に影響を与えて、それが引いては公正な競争を阻害することを防止するために設けられた法律なのです。

景品表示法の目的は2つあります。ひとつは「一般消費者の利益の確保」、もうひとつは「公正な競争の確保」です。特にチラシ・DM・ホームページに関する関連法案は、「一般消費者の利益の確保」の部分です。

一般消費者の利益を確保するために、不当な表示の禁止が定められています。表示とは、事業者が顧客を誘引するための手段として商品やサービスの内容や取引条件について行う広告などの表示のことです。表示の例としては、チラシ、パンフレットやカタログ、新聞、雑誌広告、インターネット上の広告、ポスターや看板などの販促ツール全般に及びます。

不当表示では、次の2つを注意しておきましょう。

①優良誤認表示

優良誤認表示とは、商品やサービスの品質、規格その他の内容についての不当な表示のことをいいます。

たとえば、カシミヤ混用率が80％程度のセーターに「カシミヤ100％」と表示した場合は、優良誤認表示にあたります。

また、この技術を用いた商品は、日本では当社だけですと、自社の強みをアピールしたものの、実際は競争業者も同じ技術を使って製造している場合も優良誤認表示にあたるので気をつけましょう。

②有利誤認表示

有利誤認表示は、商品やサービスの価格、その他取引条件についての不当表示のことをいいます。

たとえば、当選者の100人だけが割安料金で契約できると表示していたものの、実際には応募者全員が当選で全員同じ料金で契約させている場合は、有利誤認表示となります。

また、他社商品の2倍の内容量ですといって、表示していたが、実際には同じ内容量であった場合は、有利誤認表示となるので、注意しましょう。

健康食品のチラシ・DM・ホームページは薬事法や健康増進法にも気をつける

景品表示法に加えて、健康食品を商品として扱う場合、薬事法や健康増進法にも気をつけなくてはいけません。

たとえば、病気の治療や予防に役立つことを説明したりほのめかしたりする表示や広告を行っている製品は、「医薬品」と判断されるために薬事法違反になりますので注意が必要です。

また、摂取時期や量、方法などを細かく決めている食品は、消費者に医薬品的な効能効果を期待させるため「医薬品」として判断され、薬事法違反になってしまいます。著しく事実に相違や人を誤認させる広告は、必要な診療機会を逸するなど、お客様の健康に重大な支障を起こす可能性があることから、健康の保持増進の効果などに関して虚偽または誇大な広告を禁止していますので注意が必要です。

チラシ・DM・ホームページは、自分の強みを正直に伝えるだけでよいのです。事実でないことを言ったり、できもしないことを宣伝したりする必要はありません。そんなことをしても自分の強みを発揮できないお客様が集まってきてしまい、結局、自分で自分の首を絞める結果となるだけなのです。

だからこそ、誠実に伝えることが、法律にも違反しない素晴らしいチラシ・DM・ホームページをつくる第一歩になるのです。

「A4」1枚アンケートの個人情報は厳正に取り扱う

「A4」1枚アンケートで得られた個人情報は厳正に取り扱いましょう。名前や住所など本人が特定できる情報を個人情報といいますが、この個人情報を「A4」1枚アンケートという形で取得し、事業活動に活用した場合、個人情報取扱事業者となります。

個人情報取扱事業者は、個人情報の利用目的をきちんと明示し、個人情報の漏えいなどを防止するために、必要な処置を講じなければなりません。そして個人情報をあらかじめ本人の同意を得ないで第三者に提供することは、原則禁止されています。また個人情報に関して本人からの求めがあった場合には、開示や訂正に応じる必要があります。

個人情報保護法を適切に守って、アンケートを活用しましょう。

チラシ・DM・ホームページができたらもう一度、最終チェックをしよう

自分の強みをもとにして、チラシ・DM・ホームページができたら、お客様になったつもりで最終チェックを必ず行いましょう。

なぜならば、お客様は、意識的にチラシ・DM・ホームページを見たり、読んだりすることがないからです。ですので、自分のつくったチラシ・DM・ホームページを見て「これでお客様は、きっと買ってくれるだろう」という楽観的な期待を抱いてはいけないのです。

自分がつくったチラシ・DM・ホームページが、ターゲットとするお客様に自分の強みを伝えることができているのかどうかを判断するには、冷静な目で再度チェックしてみることをお勧めします。

作成したチラシ・DM・ホームページを2～3日寝かせた後、声に出して読んでみたり、女性向けの商品であれば奥さんや彼女に聞いてもらったりして、チェックするのもよいと思

います。

その際に、必ずお客様に記入してもらった「A4」1枚アンケートを見て、お客様の持っている悩みを解消できているのかどうかを判断することも必要です。

COLUMN

こんな販促ツールは売れない　～スポーツジム編～

季節の変わり目や年度の始まり時期に、ポスティングされるチラシのなかでも種類の多いのがスポーツジムのチラシです。職業柄、チラシをしみじみと眺めてしまうことがありますが、ゴミ箱に直行してしまうチラシがあまりにも多いのが目につきます。

ゴミ箱直行型のチラシのタイプで多いのが、オシャレなレイアウトで行動を喚起するキャッチコピーが大きく扱われているものです。

「始めてみようかな……そんなあなたを応援します！」

「Let's'Begin!」

季節の変わり目ですし、健康のためにも始めてみようかなという方がいないとはいいませんが、限りなく反応は少ないと考えられます。

この場合、誰にでも当てはまるようなキャッチコピーをつけるのではなく、お客様の悩みにスポットを当てたキャッチコピーのほうが、反応は高いと思います。

たとえば、「冬に脂肪はつきやすい。だから今、始める」

同じ、「始める」というキーワードを使っていても、お客様の悩みをプラスすることで反応率はかなり高くなるでしょう。

また、年齢層別の悩みにターゲットを絞り込んだキャッチコピーも反応率が高くなる方法のひとつです。たとえば、「テニスで健康づくりをしましょう　〜楽しく続けられるのは、テニスが一番です〜」こうしたキャッチコピーは、中高年層向けの悩みにターゲットを絞っているので、中高年のお客様から反応をもらえる可能性が大きくなります。

このように普段見かけるチラシからでも、売れるキャッチコピーをつくるための練習をすることができます。皆さんもチャレンジしてみましょう。

図26　あなたは、どちらのチラシに興味を持ちますか？

NGチラシ

AUTUMN　CAMPAIGN

無料体験
受付中

始めてみようかな！
そんなあなたを応援します

Let's Begin!!

いま、凸凹ジムに入会するともれなく、
クーポン券、オリジナルスポーツタオルが
もらえます。無料体験レッスンも実施中！

凸凹スポーツジム
電話：00－0000－0000

OKチラシ

無料体験
受付中

○×スポーツ
http://www.
電話：00－0000－0000

**冬に脂肪はつきやすい
だから、今から始める**

なぜ冬に脂肪がつきやすいのでしょうか？
それは体内の熱を身体が逃すまいとするから。
だから、気温が下がる前の
今が一番脂肪を落としやすいのです。

第4章
あなたも実践！売れるチラシ・DM・ホームページの素材をつくってみよう！

広告制作会社や印刷会社などに渡すための広告素材をつくれるようになろう

前章では、「Ａ４」１枚アンケートを取り、そこから自分の強みを抽出して、実際のチラシ・ＤＭ・ホームページにどのように活かしているのかを理解しました。

この章では、実例をもとにした参考モデルケースをもとに読者の皆さんが「Ａ４」１枚アンケートを分析して、自社の強みを見つけ出し、広告制作会社や印刷会社に依頼できる広告素材を作成する過程を実践してください。

売れるチラシ・ＤＭ・ホームページをつくるためには、実際に体験してみることが一番です。いきなり自分のビジネスで体験する前に、参考モデルケースを体験することで、より「Ａ４」１枚アンケートの便利さを体験してください。

広告素材の作成は次の３段階で行います（図27）。

図 27　売れるチラシ・DM・ホームページを作成する３つのステップ

ステップ1

「A4」１枚アンケートを集計して分析

↓

ステップ2

アンケート結果を
チラシ・DM・ホームページ作成
テンプレートに当てはめる

↓

ステップ3

テンプレートから
チラシ・DM・ホームページの
８つの要素を考える

ケーススタディ1

コインランドリーのお客様を増やしたい

あなたはこの春オープンしたばかりの○×コインランドリー店の店主です。あなたの店は、大型スーパーが林立する駅前にあり、洗濯機は、洗濯から乾燥までノンストップで洗濯物を仕上げることができる最新機器を導入しています。最近、防犯上の観点から自宅の洗濯機を使う家庭が増えたのか、競合他社が増えたのかどうかわかりませんが、売上がピーク時の半分に落ちてしまいました。経営者であるあなたは、チラシによる販売促進策を取ることに決定しました。

「全自動最新型コインランドリー」「出来上がりは電話でお知らせ！」「簡単！」「清潔！」「早い！」。とてもわかりやすいチラシができたと思ったあなたは、ポスティングで1万枚を配布しました。しかし、一向に効果がありません。

そこで、販促コンサルタントの岡本さんに相談したところ「A4」1枚アンケートを使うことを勧められました。アンケートは、よく利用していただけるお客様に対して、実施しました。そこから得られた回答は次のようなことでした。

図28　売れるチラシづくりで、アンケート以外に、あなたに与えられている情報

効果のなかったチラシ

商品情報と連絡先

【商品・サービスの内容】
全自動型コインランドリー、洗濯から乾燥まで800円。
洗濯所要時間は1時間、電話番号を登録しておくと
洗濯終了5分前に、希望の電話番号へ連絡が入る
全自動最新型のランドリー

【連絡先】
○×コインランドリー
年中無休　営業時間6時〜25時
電話番号 00−0000−0000
住所　大阪市○○区○○丁目○○―○○

ステップ1

「A4」1枚アンケートを分析する

ステップ1では、「A4」1枚アンケートの結果分析をします。質問ごとに意見の多い順に並べ、自分がターゲットとすべきお客様がどういう悩みを持っているのかを分析します。悩みの分析はQ1の回答を中心に分析します。悩みを分析すればするほど、よりよいターゲットコピーやキャッチコピー、ボディコピーが生まれるので、念入りに分析することにします。

次にお客様の購入行動を妨げるQ3の回答である購入不安について考えます。お客様の購入行動を促すためにはどのようなリスク対策を取ればよいのかを考えます。

また、お客様は自分の購入行動を正しい判断であったと常に誰かに認められたい欲求を持っています。そのためには、アンケートのQ4の購入の決め手の部分とQ5の回答である評価の部分をどう活用すべきか考えてみましょう。

「A4」1枚アンケートで最も多かった意見を集約して、自分のお客様の行動パターンを挙げることができれば、ステップ1の作業は終わりです。

図29 「A4」1枚アンケートで得られたお客様の声

Q1「コインランドリーを使う前にどんなことを考えていましたか?」

・家事を効率よくできないか? 45%
・洗濯、乾燥の手間を省きたい 35%
・早く乾燥させたい 15%

Q2「コインランドリーをどこで知りましたか?」

・ポストに入っていたチラシ 90%
・通りがかり 10%

Q3「コインランドリーを知ってすぐに使いましたか? 使わなかったのはなぜですか?」

・下着を盗まれたらどうしようと思った 35%
・コインランドリーの使い方がよくわからなかった 30%
・服をたためるかどうかわからない 20%
・小銭は事前に用意するのかわからない 15%

Q4「何が決め手となってコインランドリーを使いましたか?」

・スーパーの近くにあったので、買い物している間に、洗濯ができるから 45%
・携帯電話で終了時間5分前になったらお知らせしてくれるので、コインランドリーの中でずっと待っていなくてもよい 25%
・洗濯から乾燥までできるから 15%
・駅から近いから 15%

Q5「実際にコインランドリーを利用してどうでしたか?」

・家事が楽になった 35%
・洗濯から乾燥までノンストップで洗濯でき気にせず買い物ができる 35%
・買い物のときによく利用してます 30%

図 30 「A4」 1枚アンケート結果から次の質問の答えを考えましょう

Q1 メインターゲットのお客様はどんな人ですか?

Hint! →このコインランドリー店のターゲットとすべきお客様は一体どんな人になるのでしょうか? プロファイリングしてみましょう。

Q2 お客様の購入不安に対するリスク対策はどんなものが考えられますか?

Hint! →下着が盗まれると思った、使い方がわからないと思ったなどの不安に対してどういう対策を講じたらよいのでしょうか?

Q3 お客様の判断が妥当であることを証明する裏づけとなる証拠は何が考えられますか?

Hint! →お客様の喜びの声などをどういうふうに使いますか?

ステップ2

「チラシ・DM・ホームページ基本コンセプトシート」にアンケート結果を当てはめる

「A4」1枚アンケートで絞り込んだ自分のお客様の行動パターン、リスク対策、購入の決め手、商品やサービスの評価をもとに「チラシ・DM・ホームページ基本コンセプトシート」に記入していきます。これで売れるチラシの骨組みが完成します。

チラシ・DM・ホームページ基本コンセプトシートには、「A4」1枚アンケートで得られたお客様の声を記入します。お客様の声は、最も多い意見、リアルな意見を中心に選別していきます。しかし、「A4」1枚アンケートを実際に取ってみると、意見が拮抗していて、最も多い意見が抽出できない場合があります。たとえば、P165のQ3の回答では、「下着を盗まれたらどうしようと思った」35%、「コインランドリーの使い方がよくわからなかった」30%のような場合です。このような場合は、最も多い意見である「下着を盗まれたらどうしようと思った」だけをシートに書くのではなく、「下着を盗まれる不安や使い方がわならない不安」のように不安点を列挙しておきましょう。なぜならば、リスク対策を考える上でヒントになるからです。

図 31　記入例を参考に空欄を埋めてみましょう！

記入例

「チラシ・DM・ホームページ
基本コンセプトシート」

（②強みを伝えるのに使う利用媒体／Q2の回答）


「（①悩み／Q1の回答）を持っていませんか?」

あなたと同じように（①悩み／Q1の回答）を持っていた人が、この商品（サービス）を購入して、今では（⑤感想／Q5の回答）と思っています。この商品は（④決め手／Q4の回答）がお勧めです。

とはいっても、（③すぐに買わなかった理由／Q3の回答）が不安ですよね。

そこで当社（当店）では、○○○という特典や対策を用意しました。

「チラシ・DM・ホームページ
基本コンセプトシート」

（　　　　　　　　）


「（　　　　　）を持っていませんか?」

あなたと同じように（　　　　　）を持っていた人が、この商品（サービス）を購入して、
今では（　　　　　　）と思っています。この商品は（　　　　　　　　）がお勧めです。

とはいっても、（　　　　　　）が不安ですよね。

そこで当社（当店）では、○○○という特典や対策を用意しました。

ステップ3
基本コンセプトシートからチラシ・DM・ホームページの8つの要素を考える

基本コンセプトシートで得られたターゲットとすべきお客様の行動パターン、自社の強みを参考に、チラシ・DM・ホームページの8つの要素を考えましょう。8つの要素が完成すれば、図32の広告作成原案シートを広告制作会社に持っていくだけで、売れる広告が出来上がります。

チラシ・DM・ホームページ基本コンセプトシートを参照しながら、8つの要素を広告作成原案シートに記入していくときに注意したいのが、ボディコピーの部分です。お客様の感想から、その感想の理由を類推しなければなりません。

ケーススタディ1の事例であれば、「家事が楽になった」という感想は、どういう理由があってそう感じることができるのかどうかを調べます。たとえば、洗濯と買い物が一緒にできるから「家事が楽になった」などの理由をいろいろと考えることが、よいボディコピーを考える上でのポイントになります。

図32　チラシ・DM・ホームページ基本コンセプトシートを参考に広告作成原案シートを埋めましょう！

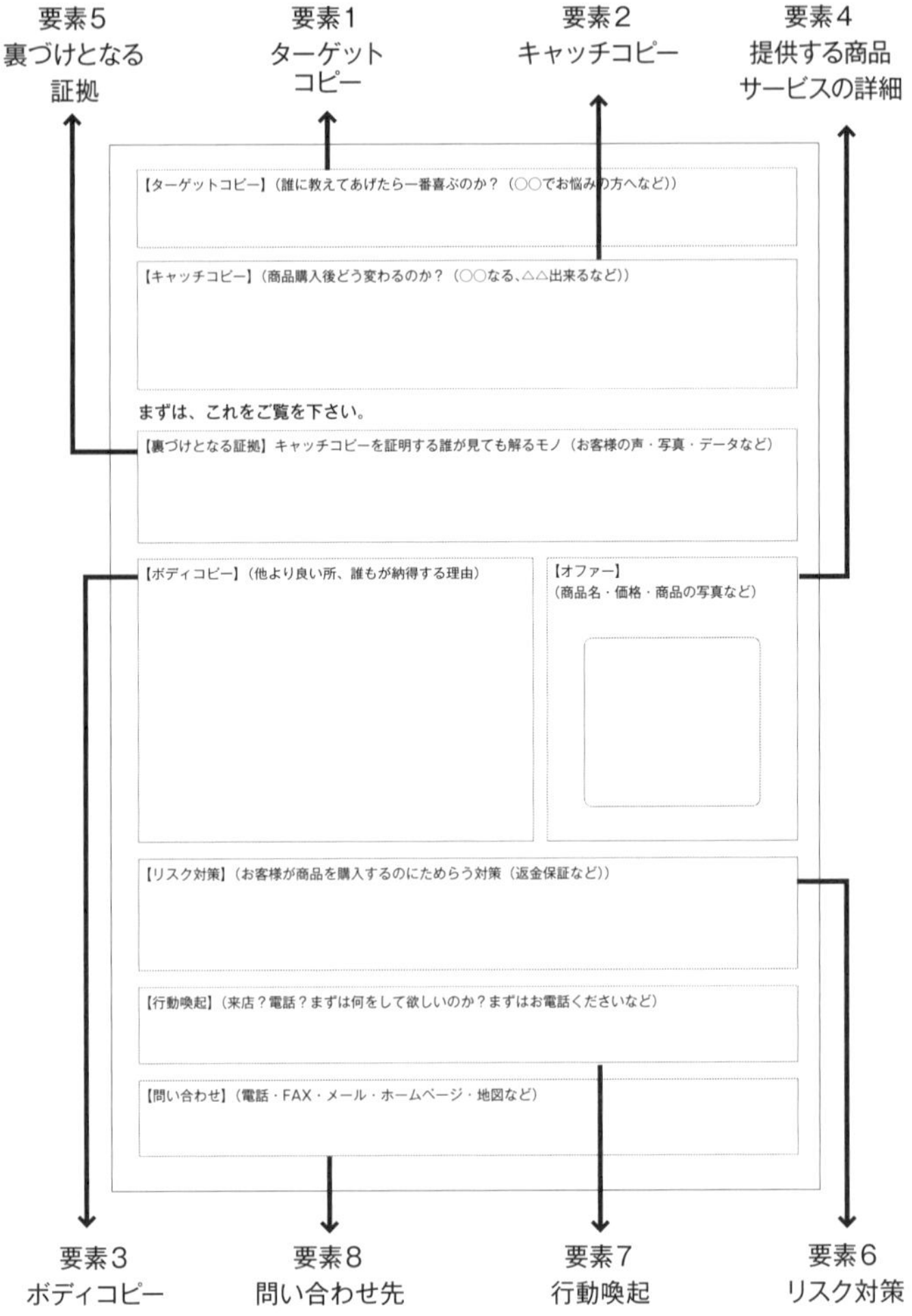

ケーススタディ1の参考解答

うまくチラシの要素をつくることができたでしょうか？　ここでケーススタディ1の解答を紹介します。解答はあくまでも参考例になります。他にも表現がないかどうか考えてみるのもよいでしょう。

ちなみに、参考解答に近いものを広告制作会社へ持っていき、実際につくられたのが、図35の写真のチラシとなります。このチラシを配布したところ、1日の平均売上が2倍になりました。広告制作会社へ持っていくときにも、ターゲットやキャッチコピーなどのチラシ・DM・ホームページの8要素が明確に決まっている方が、より完成度の高いチラシが出来上がるのです。

また、広告制作会社に依頼するときには、自社の強みを証明する写真やデータなども持っていくことを忘れないようにしましょう。そのためには、常日頃から、自社の強みを証明するための写真やデータを取っておくことが重要です。

図33　ステップ1、ステップ2の参考回答

ステップ1の参考回答

Q1
家事を効率化したいお客様。
買い物をしている間に洗濯をしたいお客様

Q2
防犯カメラを設置して、スタッフが巡回する。
使い方はイラストなどで表示して見やすく工夫をする

Q3
「家事がラクになった」というお客様の喜びの声や
「買い物をしている間に洗濯が終わる」をチラシに入れる

ステップ2の参考回答

（ポスティングで）
「（家事をラクにしたいという悩み）を持っていませんか？」
あなたと同じように（家事をラクにしたいという悩み）を持っていた人が、完全自動最新型コインランドリーを利用して、今では（家事がラクになった）と思っています。

この商品は（近くのスーパーで買い物をしている間に洗濯が終わってしまう点）がお勧めです。とはいっても、（下着が盗まれるのとか、使い方がわからないなど）が不安ですよね。そこで当社（当店）では、（防犯カメラを設置。使い方もイラストでわかりやすく）という対策を用意しました。

まずはお問い合わせください。

図34 ステップ3の参考回答

【ターゲットコピー】(誰に教えてあげたら一番喜ぶのか?)

家事を楽にしたい●●●にお住まいの皆様へ

【キャッチコピー】(商品購入後どう変わるのか?(○○なる、△△出来るなど))

「○○○」(スーパー名)や「○○○」(スーパー名)で
お買い物をしている間に、洗濯完了

まずは、これをご覧を下さい。

【裏づけとなる証拠】(キャッチコピーを証明する誰が見ても解るモノ(お客様の声・写真・データなど))

~お客様の声~
家事が楽になった
洗濯から乾燥までノンストップで
行ってくれるので気にせず買い物ができる
買い物のときによく利用しています

【ボディコピー】(他より良い所、誰もが納得する理由)

「簡単」洗濯から乾燥までノンストップ
「清潔」洗濯・乾燥をドラムで行って洗濯!
「経済的」ドラム型の洗濯機は洗浄力が強力
「便利」洗濯物が仕上がったら電話でお知らせ

【オファー】
(商品名・価格・サイズなど)

全自動最新型洗濯機
洗濯から乾燥まで
800円

【リスク対策】(お客様が商品を購入するのにためらう対策(返金保証など))

服をたたむ台の設置」「防犯カメラの設置」「両替機の設置」は
写真にて紹介して、お客様の安心感を得る。使い方はイラスト表示

【行動喚起】(来店?電話?まずは何をして欲しいのか?)

買い物の間に洗濯を終わらせたいなら、ぜひご利用を!

【問い合わせ】(電話・FAX・メール・ホームページ・地図など)

○×コインランドリー 年中無休 営業時間6時~25時 電話番号00-0000-0000
住所 大阪市○○区○○丁目○○-○○

図 35　売れるコインランドリーのチラシが完成！

ケーススタディ2

赤ちゃん撮影会の予約数を増やしたい

あなたは、数店舗展開する写真スタジオ会社、ＡＢ写真の広報担当です。

この会社では、七五三など子供の成長に合わせて、写真スタジオを利用してくれるご両親を新たに顧客として増やすために毎年、格安の撮影会のキャンペーンを行っています。広報担当であるあなたは、その格安の撮影会に来てもらうためにチラシを打つことにしました。とても華やかできれいなチラシができたと思ったあなたは、新聞の折込チラシとして５万枚を配布しました。

しかし、予約数は前年度と同じ３００件前後。

広告費用の費用対効果を高め、現状を打開するために、販促コンサルタントの岡本さんに相談したところ「Ａ４」１枚アンケートを使うことを勧められました。アンケートは、以前利用していただいたお客様に対して実施しました。そこから得られた回答は次のようなことでした。

図 36　売れるチラシづくりで、アンケート以外に、あなたに与えられている情報

【商品・サービスの内容】
赤ちゃんのスタジオ撮影を行い、4つ切りサイズの写真に仕上げて額に入れてプレゼント、衣装の着替えも無料でできる

【連絡先】
AB写真　○○店
年中無休　営業時間 10 時～ 22 時
電話番号 00 － 0000 － 0000
住所　大阪市○○区○○丁目○○－○○

ステップ1

「A4」1枚アンケートを分析する

ケーススタディ2と同様にステップ1では、「A4」1枚アンケートの結果分析をします。まずは質問ごとに意見をまとめて、多い順に並べてみましょう。そして、自分がターゲットとすべきお客様がどういう悩みを持っているのかを分析します。

悩みの分析はQ1の回答を中心に分析します。悩みを分析すれば、するほどよりよいターゲットコピーやキャッチコピー、ボディコピーが生まれるので、念入りに分析してください。

次にお客様の購入行動を妨げるQ3の回答である購入不安について考えます。お客様の購入行動を促すためにはどのようなリスク対策を取ればよいのか、何が購入に至らない原因なのかを考えてみてください。

また、お客様は自分の購入行動を正しい判断であったと常に誰かに認められたい欲求を持っています。そのためには、アンケートのQ4の購入の決め手の部分とQ5の回答である評価の部分をどう活用すべきか考えてみましょう。

「A4」1枚アンケートで最も多かった意見を集約して、自分のお客様の行動パターンを挙げることができれば、ステップ1の作業は終わりです。

図37 「A4」1枚アンケートで得られたお客様の声

Q1「赤ちゃんの写真をなぜ撮りたいと思っていましたか?」

・一生に一度の記念だから　65%
・成長の記録を残しておきたいから　20%
・自分たちではなかなかかわいい写真が撮れないから　15%

Q2「AB写真店をどこで知りましたか?」

・新聞に入っていた折込チラシ　90%
・ホームページ　10%

Q3「AB写真店を知ってすぐ予約をしましたか?　しなかったらなぜですか?」

・行ったことがないのでどんなふうに撮ってくれるのかわからなかった　45%
・機嫌が悪くてよい表情が撮れなかったらどうしよう　20%
・衣装はこちらで用意しなければならないのか　20%
・どういう写真が出来上がってくるのか心配　15%

Q4「何が決め手となってAB写真店で撮りましたか?」

・チラシに掲載されている写真を見て同じように撮影してもらいたいと思った　45%
・いろんな衣装やポーズで撮影してくれそうだったから　20%
・価格が安かったから　15%
・額に入れてプレゼントしてくれるから　15%

Q5「実際に撮ってみていかがですか?」(複数回答)

・自分で撮るよりもきれいに撮れてよかった
・スタッフの人が緊張をほぐしてくれていい表情で撮れた
・子供の笑顔を引き出すために、いろいろ工夫してもらってよかった
・想像していたよりポーズのバリエーションがあった
・子供がぐずりだしても必死であやしてくれて助かった

図38 「A4」1枚アンケート結果から次の質問の答えを考えましょう

Q1 メインターゲットのお客様はどんな人ですか？

Hint! →この写真店のターゲットとすべきお客様は一体どんな人になるのでしょうか？　プロファイリングしてみましょう。

Q2 お客様の購入不安に対するリスク対策はどんなものが考えられますか？

Hint! →どのように撮影してもらえるのか、どんな衣装があるのか、よい表情が撮影できるのか心配などの不安に対してどういう対策を講じたらよいのでしょうか？

Q3 お客様の判断が妥当であることを証明する裏づけとなる証拠は何が考えられますか？

Hint! →お客様の喜びの声などをどういうふうに使いますか？

ステップ2

「チラシ・DM・ホームページ基本コンセプトシート」にアンケート結果を当てはめる

「A4」1枚アンケートで絞り込んだ自分のお客様の行動パターン、リスク対策、購入の決め手、商品やサービスの評価をもとに「チラシ・DM・ホームページ基本コンセプトシート」に機械的に当てはめていきます。これで売れるチラシの骨組みが完成します。

ケーススタディ2もケーススタディ1と同様に、チラシ・DM・ホームページ基本コンセプトシートには、「A4」1枚アンケートで得られた、最も多い意見、リアルな意見を中心に選別していきます。

たとえば、ケーススタディ2のQ1の回答であれば、「一生に一度の記念だから」65%など最も多い意見を抽出していきます。

図39　記入例を参考に空欄を埋めてみましょう！

記入例

「チラシ・DM・ホームページ
　基本コンセプトシート」

（②強みを伝えるのに使う利用媒体／Q2の回答）

「（①悩み／Q1の回答）を持っていませんか？」
　あなたと同じように（①悩み／Q1の回答）を持っていた人が、この商品（サービス）を購入して、今では（⑤感想／Q5の回答）と思っています。この商品は（④決め手／Q4の回答）がお勧めです。
　とはいっても、（③すぐに買わなかった理由／Q3の回答）が不安ですよね。
　そこで当社（当店）では、○○○という特典や対策を用意しました。

まずはお問い合わせてください。

「チラシ・DM・ホームページ
　基本コンセプトシート」

（　　　　　　　）

「（　　　　　）を持っていませんか？」
　あなたと同じように（　　　　　）を持っていた人が、この商品（サービス）を購入して、
今では（　　　　　）と思っています。
この商品は（　　　　　　）がお勧めです。
　とはいっても、（　　　　　）が不安ですよね。
　そこで当社（当店）では、○○○という特典や対策を用意しました。

まずはお問い合わせてください。

ステップ3

基本コンセプトシートからチラシ・DM・ホームページの8つの要素を考える

基本コンセプトシートで得られたターゲットとすべきお客様の行動パターン、自社の強みを参考に、チラシ・DM・ホームページの8つの要素を考えましょう。8つの要素が完成すれば、この用紙を広告制作会社に持っていくだけで、売れる広告が出来上がります。

チラシ・DM・ホームページ基本コンセプトシートを参照しながら、8つの要素を広告作成原案シートに記入していくときに注意したいのが、ボディコピーの部分です。お客様の感想から、その感想の理由を類推しなければなりません。

ケーススタディ2の事例であれば、「自分で撮るよりもきれいに撮れてよかった」というお客様の感想は、どういう理由があってそう感じることができるのかどうかを調べます。たとえば、「照明の数が多かった」「高い角度から撮影してくれた」などという理由をいろいろと考えることが、よいボディコピーを考える上でのポイントになります。

**図40　チラシ・DM・ホームページ基本
コンセプトシートを参考に空欄を埋めましょう！**

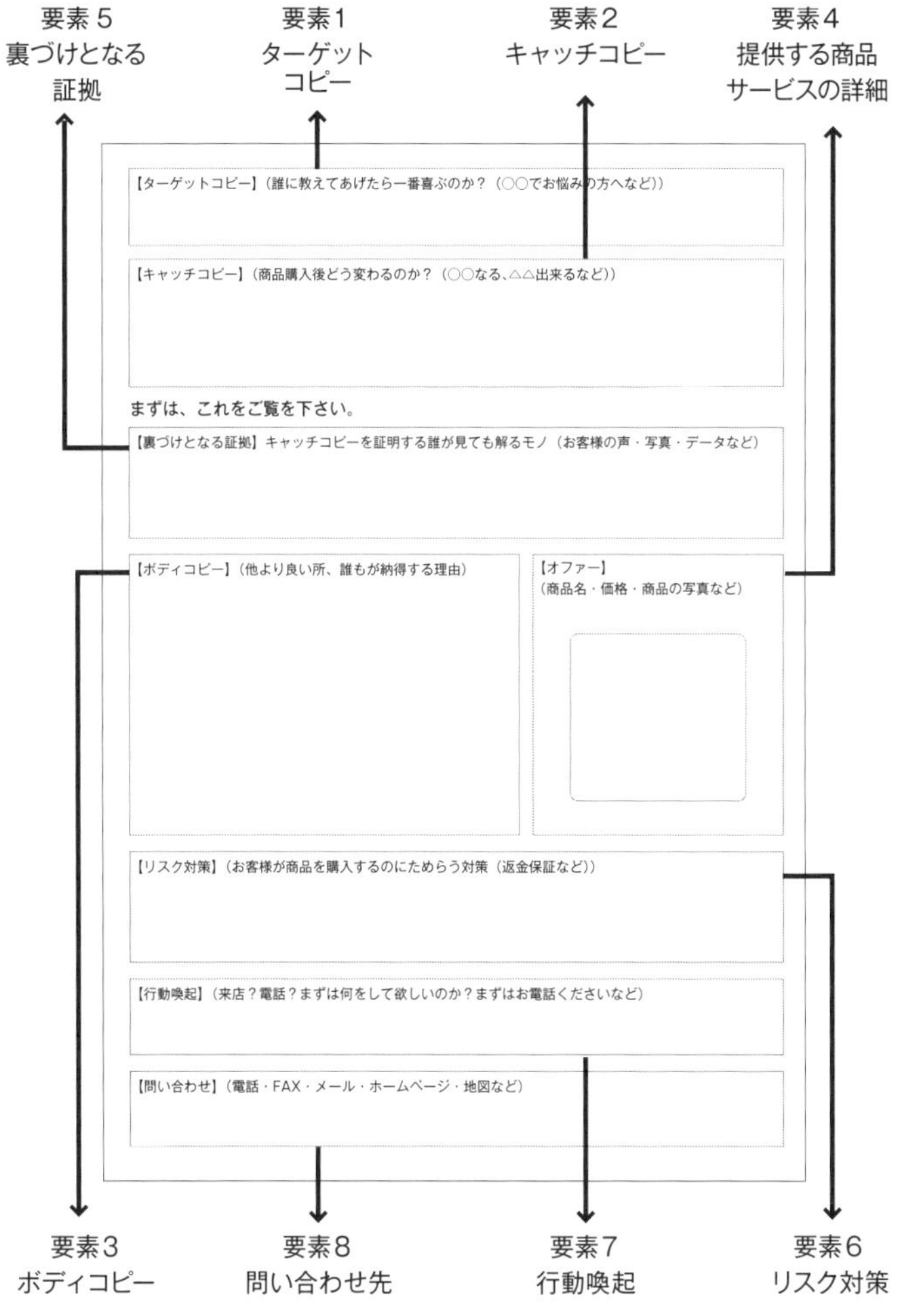

ケーススタディ2の解答

それでは、ケーススタディ2の解答を紹介します。解答はあくまでも参考例ですので、他にも表現がないかどうか自分なりに考えてみるのもよいでしょう。

そして、ケーススタディ2で得られた参考解答を広告制作会社へ持っていき、実際につくられたのが、掲載している図43「売れる写真スタジオのチラシ」となります。このチラシを配布したところ、予約件数がなんと前年度の3倍になりました。

同じようなデザインのチラシを自分もつくることができるのかと不安に感じる人がいるかもしれません。その場合、多少費用はかかりますが、一般的な広告制作会社に任せれば、きれいに仕上げてくれます。

広告制作会社が、あなたのお客様のことを熟知していれば別ですが、そうでない場合はあなたがお客様のことを広告制作会社に伝える必要があるのです。「A4」1枚アンケートで取ったお客様のパターンをあなたが懇意にしている広告制作会社に伝えてあげて、売れるチラシ・DM・ホームページをつくってください。

図41　ステップ1、ステップ2の参考解答

ステップ1の参考解答

Q1
一生に一度の記念にきれいな写真を残しておきたいお客様

Q2
いろいろな撮影写真を掲載する
衣装の数を表記する
よい表情が撮影できなかったことに対する
撮り直しOKの表記

Q3
後悔しない価格設定

ステップ２の参考解答

（新聞の折込チラシ）

「（赤ちゃんの一生に一度の記念に写真を撮りたい上手く撮れるかどうかわからないという悩み）を持っていませんか？」

　あなたと同じように（赤ちゃんの一生に一度の記念に写真を撮りたい上手く撮れるかどうかわからないという悩み）を持っていた人が、ＡＢ写真店の撮影サービスを利用して、
今では（自分で撮影するよりもよかった）と思っています。

写真撮影は（プロにしか撮影できない写真のクオリティの高さ）がお勧めです。

とはいっても、（赤ちゃんの本当によい表情が撮影できるの）か不安ですよね。

そこで当社（当店）では、（納得いかなければ、何度でも撮り直しができる）という特典や対策を用意しました。

まずはお問い合わせください。

図 42　ステップ3の参考解答

【ターゲットコピー】（誰に教えてあげたら一番喜ぶのか？）

一生一度の記念に、スタジオできれいな写真を撮ってみたいけれど、
行ったことがないからどうしようかと　戸惑っているママへ

【キャッチコピー】（商品購入後どう変わるのか？（○○なる、△△出来るなど））

赤ちゃんが生まれたばかりのママへ緊急のお知らせ！
５００円ワンコイン赤ちゃん撮影会開催

まずは、これをご覧を下さい。

【裏づけとなる証拠】（キャッチコピーを証明する誰が見ても解るモノ（お客様の声・写真・データなど））

～お客様の声～
自分で撮るよりもきれいにとれてよかった
子供の笑顔を引き出すために、いろいろ工夫してもらってよかった
想像していたよりポーズのバリエーションがあった
子供がぐずりだしても必死であやしてくれて助かった

【ボディコピー】（他より良い所、誰もが納得する理由）

色々な衣装・小物で多ポーズ撮影
お子様の自然な表情をお撮りします。

【オファー】
（商品名・価格・サイズなど）

撮影料 3000 円＋
額入り4切写真 7800
円＝1 万 800 円

→お試しキャンペーン
500 円に

【リスク対策】（お客様が商品を購入するのにためらう対策（返金保証など））

納得のいく写真が撮れないときは、何度も再撮影可
衣装は小さなドレスからタキシードまで全店で 300 点以上用意
お試しキャンペーンにつき 500 円ポッキリ

【行動喚起】（来店？電話？まずは何をして欲しいのか？）

たった 500 円で体験できるこの機会に記念の1枚を撮影してみませんか？

【問い合わせ】（電話・FAX・メール・ホームページ・地図など）

ＡＢ写真　○○店　年中無休　営業時間１０時～２２時　電話番号 00 － 0000 － 0000
住所　大阪市○○区○○丁目○○－○○

図43　売れる写真スタジオのチラシが完成！

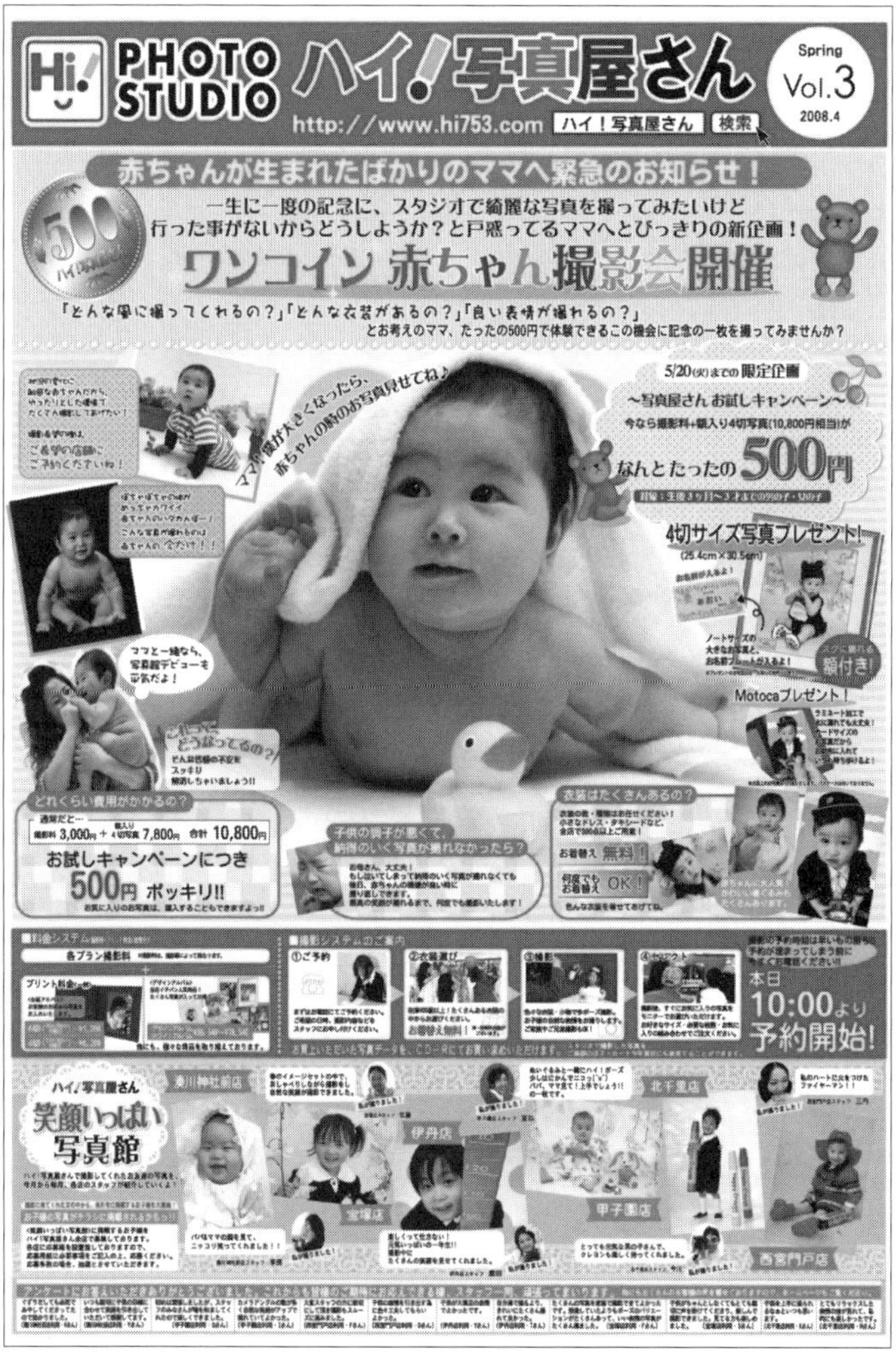

COLUMN

こんな販促ツールは売れない　〜学習塾編〜

お子さんを持った方だったら思わず見てしまうことも多い学習塾チラシ。このチラシも健康食品に次いでよく見かけるチラシです。

最近では、学習塾のブランド戦略の観点からも本社が一括してチラシを作成して、配布している事例も多いようです。このためチラシがフォーマット化され、独自性を打ち出されているものを見かけなくなりました。

その一方で、独自性はあるのですが、あまり反応がないのではないかと思うキャッチコピーも見受けられました。たとえば、次はある有名な学習塾のキャッチコピーです。

「あっ、楽しいテストって、あったんだ!?　〜その答えは教室で〜」

一体何のことだろうと考えさせられるキャッチコピーですが、同時にお客様（子ども）の悩みをキャッチコピーに入れているわけではないので、他の文章を読む気がなくなってしまいます。合格実績も掲載されているのですが、キャッチコピーと実績の連動がまったくないので、どういう理由で合格実績が出せているのかわからずに、逆に不信感が生じてしまいます。

もちろん、全国展開を行っている学習塾であれば、ブランドそのものが顧客の判断材料になりえますから、このようなキャッチコピーでもある程度の反応はあるかもしれません。しかし、中小の学習塾ではこのような販促ツールのつくり方では、お客様を集めることは難しいと思われます。

一方、お客様の悩みに焦点を当てて、ピンポイントのキャッチコピーを打っている全国展開をしている学習塾もあります。

「ラスト○○日。○○校対策なら○○専門の進学塾が一番です」このようなキャッチコピーがあり、その下に実際にその学習塾を選び、合格した人の感想が「なぜこの学習塾を選んだのか？　という決め手」が感想として掲載されています。

お客様のターゲットも絞られているし、興味を引くキャッチコピーも考えられています。そして、決め手も表現されているので、反応が高いチラシだと思います。

学習塾のチラシひとつ取ってみても、お客様の声を反映するかしないかで、反応は大きく変わってくるのです。

図 44　あなたは、どちらのチラシに興味を持ちますか？

NGチラシ

あっ！ 楽しいテストってあったんだ！？

その答えは、○月○日の教室で

冬季講座申込
ハガキ

○月○日
無料実力テスト実施

テストの詳細は下記まで
www.○○○.co.jp

OKチラシ

ラスト70日。
○○校対策なら、
○○専門の進学塾が
一番です。

私が凸凹塾を選んだ3つの理由

凸凹塾は○○専門で一番の進学実績
2000年度年度中学入試実績○×高○○人

凸凹進学塾
http://www.
電話：00－0000－0000

第5章
「A4」1枚アンケートをさらに活用する

何度も「A4」1枚アンケートを取り、お店や会社の方向性を明確にする

「A4」1枚アンケートは1回実施すれば、それで終わりというわけではありません。自分のお店や会社の専門性が出るまで、定期的に実施することが必要です。アンケートの結果を自分のお店や会社の商品やサービスにフィードバックできている場合は、アンケートの回答に次のような変化が表れます。

まず、7〜8割であった雑多な意見が、次第に減っていきます。その代わりに2〜3割であった自分の強みの意見に集約され、5割に近づいてくるのです。こうなってきたら、自分の強みがビジネスで確立できている状態だと判断することができます。まずは、自分の強みが活かせているお客様がアンケートの5割を占めるように努力をしてみましょう。

自分の強みが確立できたら、事業の柱を増やすためにも、自分の強みを深掘りしていく必要があります。自分の強みを深掘りするときには「A4」1枚アンケートを常に実施するこ

とが重要です。

たとえば、新規のお客様と何度も商品を購入していただいているリピーターのお客様とでは、商品の情報を得る媒体も購入に対するリスクも異なってくると思います。お店や会社にとって常に新規のお客様を開拓することは非常に重要なことですから、新規のお客様をどうやって獲得するのかということを常に考えなくてはいけません。そのときに、「A4」1枚アンケートによって、お客様のパターンがわかれば、限られた経営資源を効率的に自分の獲得したいお客様に向けて投入することができます。

また、「A4」1枚アンケートは、新商品開発にも有効です。たとえば、畠山製茶の畠山さん（http://www.7noshin.com/）は、「ありがとう」という文字が入っている贈答用の抹茶の飴をつくりました。もともと、贈答用お茶のバリエーションとしてつくった飴でしたが、実際に販売してみると、贈答用需要だけでなく、自分で食べたいというお客様が多かったことに気がついたそうです。

そこで、新たにお徳用の抹茶飴を製作しました。今では、こちらの売上も非常に大きくなっているといいます。このように「A4」1枚アンケートで常にお客様の声を拾うことで、新しい商品開発も行うことができてしまうのです。

図45　お店や会社の方向性を明確にし、自分の強みが発揮できる仕事を増やす

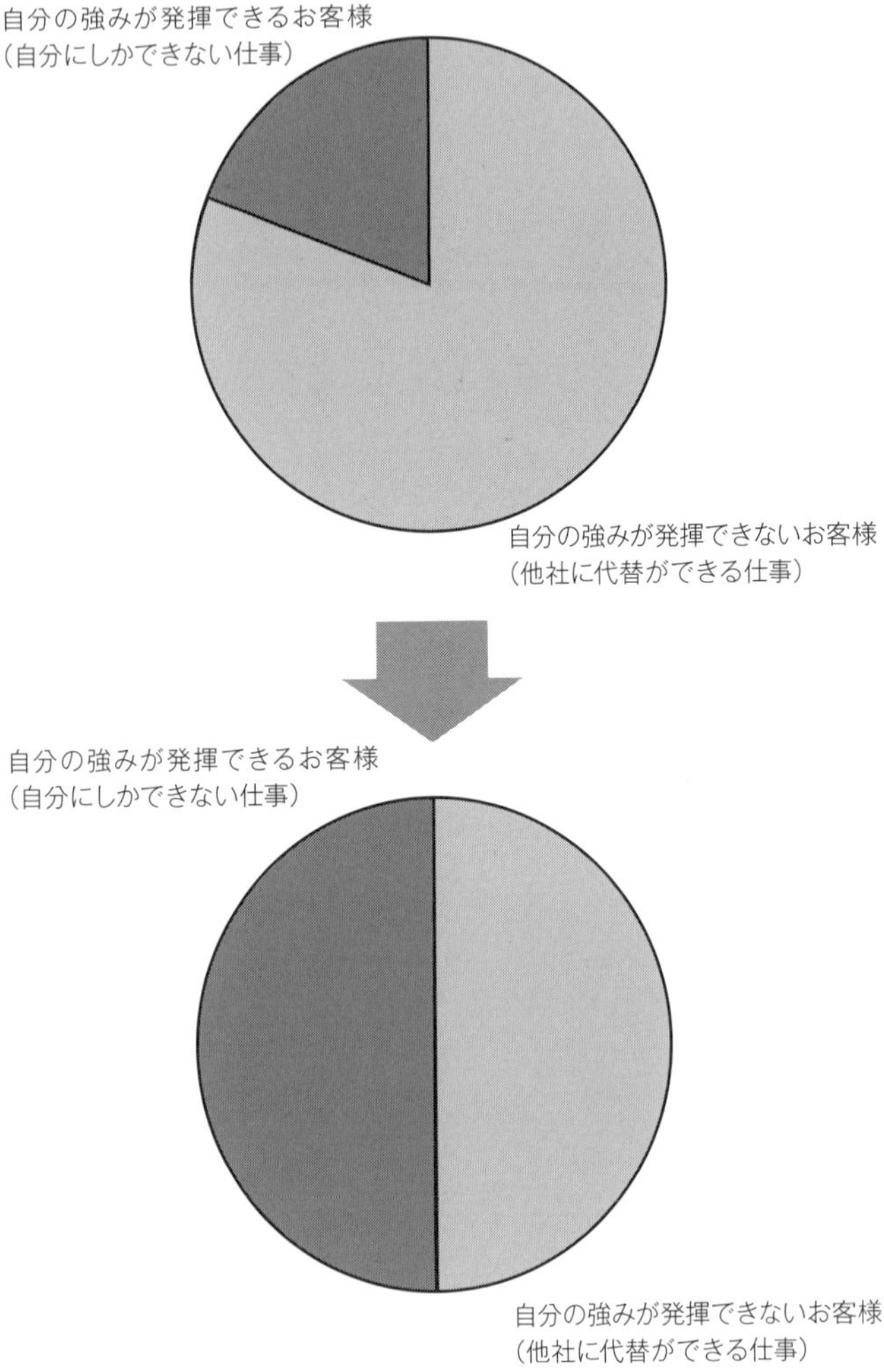
自分の強みが発揮できるお客様
（自分にしかできない仕事）
自分の強みが発揮できないお客様
（他社に代替ができる仕事）
自分の強みが発揮できるお客様
（自分にしかできない仕事）
自分の強みが発揮できないお客様
（他社に代替ができる仕事）

お客様のパターンをつかむ

「○○で困っている人がいた。その人は悩みをこう解決した」。

「Ａ４」１枚アンケートからわかる、このようなお客様の悩みとその解決法を掲載するだけでもお客様の集客効果は確実にあるのです。

たとえば、真多美恵ＦＰ事務所代表、真多美恵さんは、遺産相続で悩むお客様の相談を受けました。その方は、銀行から遺産相続の提案を受けたのですが他にも良い方法がないかと、セカンドオピニオンとしてファイナンシャルプランナーに相談に来たのです。

銀行の提案は、引き継いだ遺産を守るための提案でしたが、真多さんは、リゾートホテルの期間所有権などに遺産を変えて、生きている身内で遺産を楽しむという提案をしました。すると相談に来られたお客様は、良い方法を教えてもらったと喜ばれました。

そこで、真多さんは、同じようにどうしたらいいか困っている人がいるのではとメール無料相談を始めることを決意。ホームページやパンフレットなどを作成して、お客様の相談事例を掲載したところと、すぐに同じように銀行からの遺産相続の提案を受けている人からのメール無料相談の依頼が入ってビックリしたそうです。

このようにお客様の相談事例をそのまま掲載するだけでも、集客効果を見込むことができ

図46　お客様の相談事例を掲載して効果が上がった例

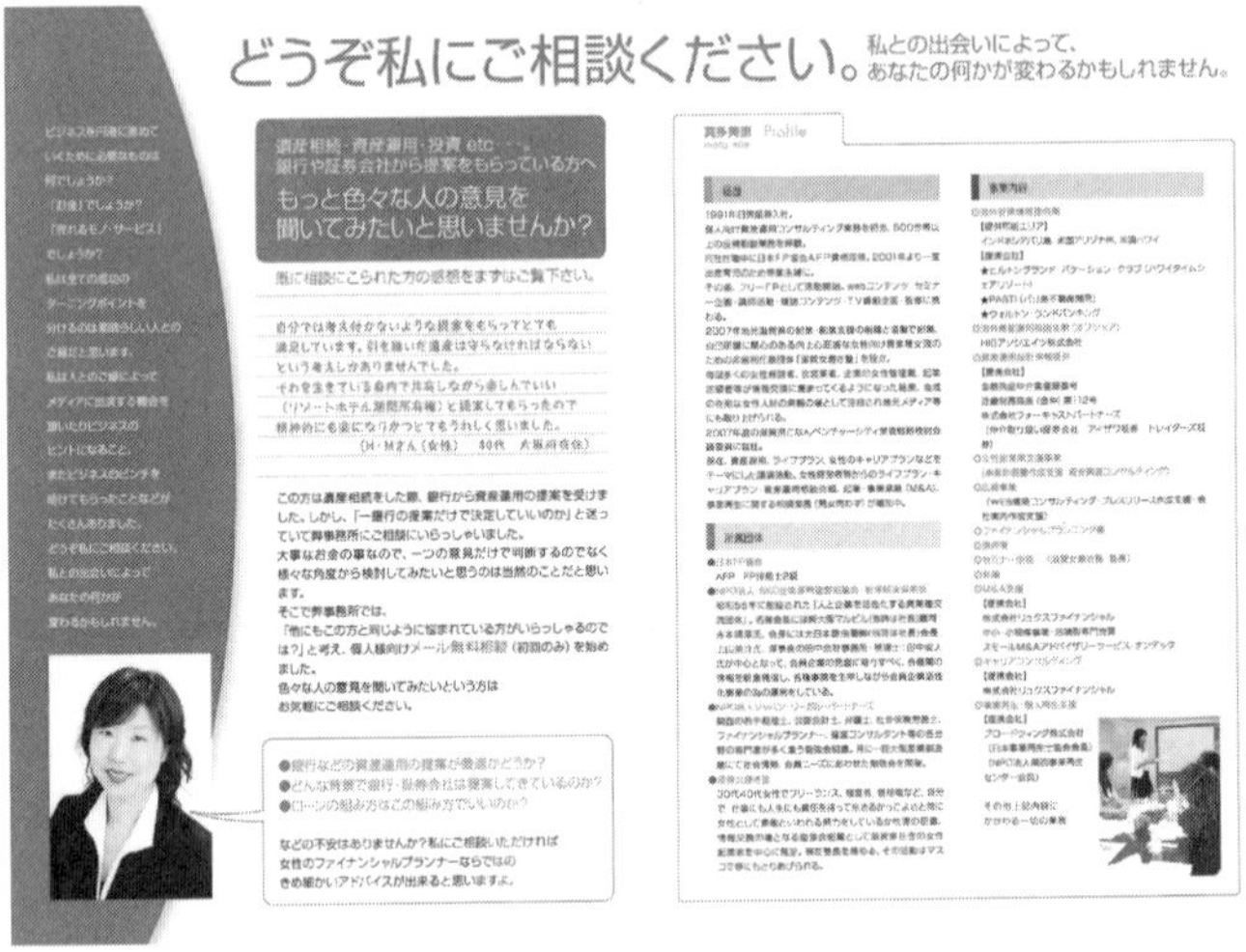

どうぞ私にご相談ください。私との出会いによって、あなたの何かが変わるかもしれません。

遺産相続・資産運用・投資 etc…。
銀行や証券会社から提案をもらっている方へ
もっと色々な人の意見を
聞いてみたいと思いませんか?

既に相談にこられた方の感想をまずはご覧下さい。


自分では考え付かないような提案をもらってとても満足しています。引き継いだ遺産は守らなければならないという考えしかありませんでした。

それを生きている身内で共有しながら楽しんでいい（リゾートホテル施設所有権）と提案してもらったので精神的にも楽になりかつとてもうれしく思いました。

（H・Mさん（女性）　40代　大阪府在住）


この方は遺産相続をした際、銀行から資産運用の提案を受けました。しかし、「一銀行の提案だけで決定していいのか」と迷っていて弊事務所にご相談にいらっしゃいました。

大事なお金の事なので、一つの意見だけで判断するのでなく様々な角度から検討してみたいと思うのは当然のことだと思います。

そこで弊事務所では、

「他にもこの方と同じように悩まれている方がいらっしゃるのでは?」と考え、個人様向けメール無料相談（初回のみ）を始めました。

色々な人の意見を聞いてみたいという方は
お気軽にご相談ください。

●銀行などの資産運用の提案が最適かどうか?
●どんな背景で銀行・証券会社は提案してきているのか?
●ローンの組み方はこの組み方でいいのか?

などの不安はありませんか?私にご相談いただければ
女性のファイナンシャルプランナーならではの
きめ細かいアドバイスが出来ると思いますよ。

るのです。

「A4」1枚アンケートで新しい市場を開拓する

顧客の潜在的なニーズを掘り起こすことができれば、ビジネスは成功します。

顧客の潜在的ニーズを掘り起こすのは、かなり難しいといわれていますが、「A4」1枚アンケートであれば、潜在的ニーズの掘り起こしも簡単です。

潜在的なニーズを掘り起こすためには、今までお付き合いしたことがなかった新しいお客様に対して、「A4」1枚アンケートを積極的に実施することです。新しいお客様がどのような理由で、自分の商品やサービスを利用したのかがわかれば、新たなお客様がいる市場を狙うことが可能なのです。

営業、テレアポ代行、FAXDM代行を行っているウンエイ企画の笹原隆生さんは、あるとき士業の方から営業代行の仕事をいただきました。笹原さんのお客様は今まで物販の方が多かったので、どういう理由で士業の人が自分のサービスを利用したのか、アンケートを実施しました。

すると、仕事を増やしたいのにもかかわらず、営業の経験がないからなかなかうまくいかないということでした。そこで、笹原さんは、士業の先生方のリストを作成して、さっそくＦＡＸＤＭを送ることにしました。結果は大反響で仕事の問い合わせも増えているといいます。思いもしなかった新たな市場を開拓することができたのです。

街歩きをするときには常に「Ａ４」１枚アンケートを思い浮かべる

自分のお店や会社を繁盛店、繁盛会社にするには、お客様のニーズに敏感になることが大切です。そのためには「なぜこの商品やサービスが売れているのか？」ということを常に考える訓練をしなければなりません。

そんなときに便利なのが「Ａ４」１枚アンケートの質問です。アンケートを頭に思い浮かべて、５つの質問を自問自答するのです。

「Ａ４」１枚アンケートの５つの質問

Ｑ１　「商品を買う前に、どんなことで悩んでいましたか？」（第１段階：欲求発生）
Ｑ２　「何で、この商品を知りましたか？」（第２段階：情報収集）
Ｑ３　「（商品名）を知ってすぐに購入しましたか？　もし購入しなかったとしたら、ど

んなことが不安になりましたか？」（第３段階：購入不安）
Ｑ４　いろいろな商品がある中で、何が決め手となってこの商品を購入しましたか？（第４段階：購入実行）
Ｑ５　実際に使ってみていかがですか？（第５段階：購入評価）

購入する前にどんな悩みを持っていたのか、購入を躊躇したのは、どんな理由があったからなのか、何が決め手となって購入することに至ったのか……などを考えることによって、新しいサービスの発想が生まれてきたり、消費者ニーズの傾向を知ることができたりします。

あるフランチャイズ学習塾の経営者募集の広告をつくったときの話です。フランチャイズに加盟したいという人はやっぱり儲けたいと思っている人が多いのかと思っていたのですが、「Ａ４」１枚アンケートを取ってみると「儲けたい」という言葉より「安定収入」という言葉が多く書いてありました。また地域貢献という言葉も多く書いてありました。いろいろなフランチャイズのなかでも学習塾を選ぶ人は堅い言葉が好きだということがわかったのです。そこでキャッチコピーを「地域貢献しながら安定収入を得られるチャンスです」と変更した所、問い合わせは５０００枚に１件から３０００枚に１件に増え、成約件数も５倍に増えたのです。

このように購入プロセスがわかれば、お客様の心をわしづかみできるキャッチコピーを考え出すことも容易になります。日常生活の中で「A4」1枚アンケートを活用することによって、相手に自分の魅力を伝える能力は確実に向上していきます。

「A4」1枚アンケートを社内コミュニケーションツールとして活用する

お客様の声を会社の経営に活かすのは、なかなか難しいことと考えられています。それは自社でアンケートを取る場合、感想が中心になってしまうからです。

ところが「A4」1枚アンケートで収集したお客様の声であれば経営に活かすことができます。「A4」1枚アンケートには、お客様の購入プロセスが克明に記されています。どういうお客様が自分たちのお客様なのかということが解りますし、どのような媒体を見て、自分たちにアプローチをかけてきてくれたのかも判断することができます。漠然としたお客様像ではなく、生のお客様像を営業に限らずどの部署の人でも知ることができるのです。

「A4」1枚アンケートを社内コミュニケーションツールとして活用すると、社員の仕事にも変化が表れてきます。

たとえば、社内のデザイナーがそうです。彼らはお客様とほとんど顔を合わせず、ひたすら広告をつくっています。するとどんなお客様がどんな気持ちで購入してくれているのかがわからないまま広告をつくることになりますから、お客様の気持ちが汲み取れない広告ができてしまうのです。

しかし、「A4」1枚アンケートを取るとお客様の気持ちが明文化されるから、それを見ながら作るだけで必然的によい広告が出来上がってくるのです。このように「A4」1枚アンケートは社内コミュニケーションツールとしても有効なのです。

まずは少ない予算で実践する

「A4」1枚アンケートを活用して、チラシ・DM・ホームページを作成するときには、少ない予算で試しながら進めていくことを忘れてはいけません。

例えば、ホームページをつくるときは、自分でいろいろ内容を変えることができるブログ型のホームページから初めてみるというのもよいかもしれません。

なぜならば、自分の強みが明確になっていない段階では、打ち出すキャッチコピーや内容がコロコロ変わります。またいろいろテストを行ってみる必要性も出てくるからです。自分の強みが明確になっていない状態でホームページ製作会社に頼んでいては時間もお金もかかってしまうことになります。

私自身も毎回ホームページ制作会社にお願いしなくても簡単に変更できるブログ型のホームページを使っています。インターネットで検索すると、ブログ型でホームページを作ってくれるホームページ制作会社がたくさん出てきます。もし私と同じようなホームページを手に入れたいなら、私のホームページをつくってくれたちらし屋ドットコムという会社に問い合わせてみてください。公的機関等のホームページをはじめいろいろな会社のホームページを作っています。

http://www.chirashiya.com/

COLUMN

こんなチラシ・DM・ホームページは売れない
～健康食品編～

ポスティングチラシや新聞折込チラシのなかでもよく見かけるのが、健康食品のチラシです。これもお客様のターゲットが絞られているチラシとまったくターゲットが絞られていないチラシが混在しています。

健康食品のチラシの場合、病気の治療や予防に役立つことを説明したり、ほのめかしたりする表示や広告を行うと「医薬品」と判断され薬事法違反になります。また、摂取時期や量、方法などを細かく決めている健康食品の場合、消費者に医薬品的な効能効果を期待させるため「医薬品」として判断されるために、これまた薬事法違反になってしまいます。

そのため、それを避けるように、チラシ・ＤＭ・ホームページをつくっているのですが、薬事法を意識しすぎて見当違いのものになっているものも少なくありません。

健康食品のチラシは大きく分けて３つのパターンがあります。

ひとつは、成分を強調するパターンです。たとえば、グルコサミン、コンドロイチン、コラーゲン、ヒアルロンサンなどの成分を強調します。

そして、その成分の効果をイメージ的に表現しています。

たとえば、「歩く、すわる、階段などの快適な日常生活のためにお試しください」というキャッチコピーは成分を強調するようなパターンに多いものです。しかし、これは苦肉の策という感じで言わんとすることはわかるのですが、購入までには至らないと思います。

もうひとつのパターンは、購入されたお客様の感想を掲載するものです。

「何でそんなに元気なのって、よくいわれます」（女性○○歳、主婦　愛用歴○年）

「いろいろ溜まっていたので。今は順調です」（女性○○歳　主婦　愛用歴○年）

お客様の感想自体が、キャッチコピーになっているので、よく考えられたチラシであるということがわかります。これならば、薬事法に抵触せずにこちらの魅力を伝えることができます。

3つ目のパターンは、「○○（試供品名）が欲しい方へ」というキャッチコピーです。キャッチコピーの下には購入不安を抱えるお客様に対するリスク対策が述べられています。「健康のために○○（商品名）に替えたいけど、初めての商品をいきなり買うのはちょっと……とお考えの方に、ただいま○○を無料でお届けしています」

キャッチコピーで行動喚起の文章である「無料の試供品を試してください」というのではなく「無料試供品が欲しい方へ」といっているので、お客様の心理的な負担にも十分配慮がなされたキャッチコピーだと思います。

健康食品の販促ツールは、多くの事業者が参入しており、また規制も厳しいので売れ

図47　あなたは、どちらのチラシに興味を持ちますか？

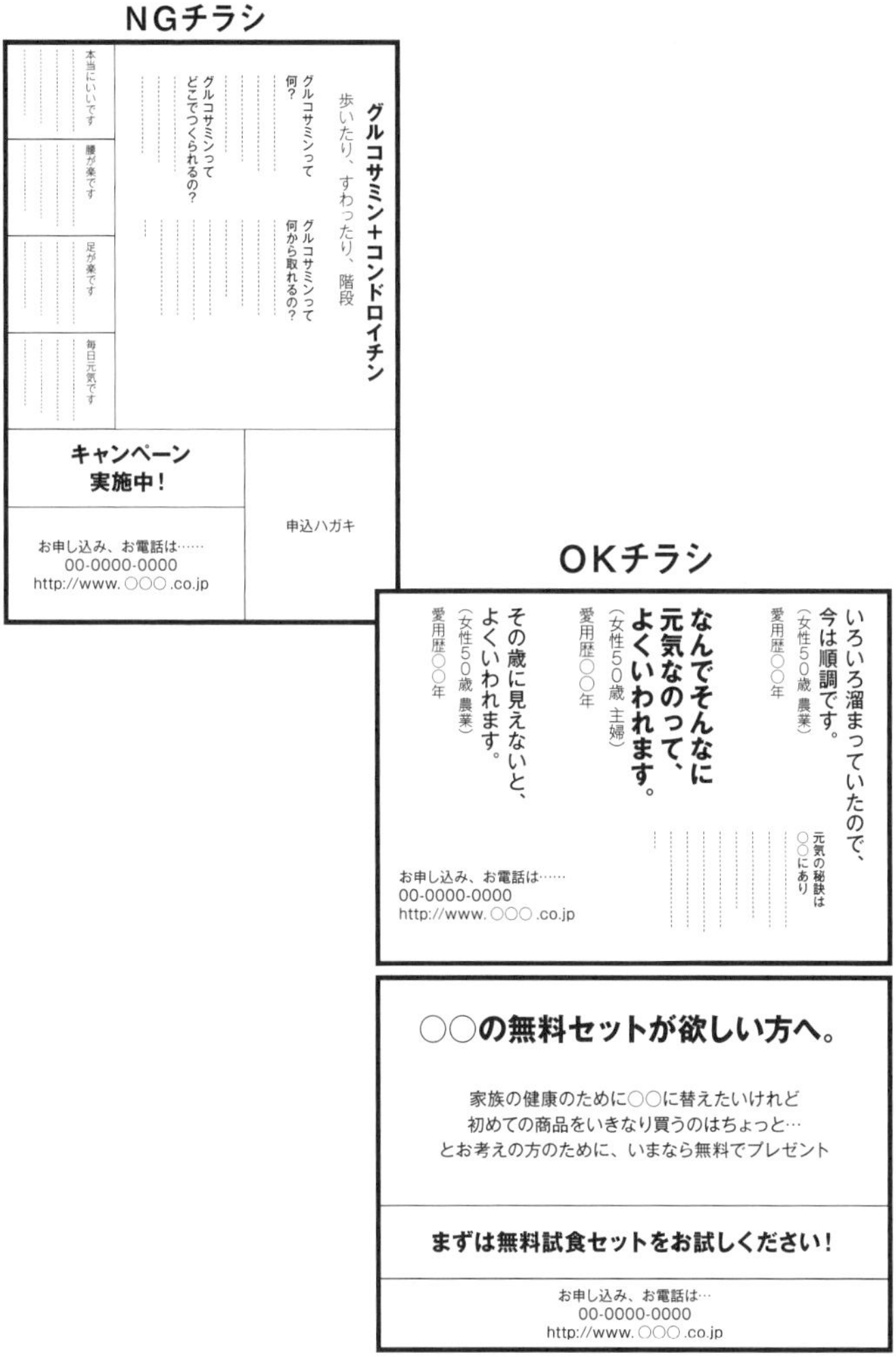
NGチラシ
グルコサミン＋コンドロイチン
歩いたり、すわったり、階段
グルコサミンって何？
グルコサミンって何から取れるの？
グルコサミンってどこでつくられるの？
本当にいいです
腰が楽です
足が楽です
毎日元気です
キャンペーン実施中！
お申し込み、お電話は……
00-0000-0000
http://www.○○○.co.jp
申込ハガキ
OKチラシ
いろいろ溜まっていたので、今は順調です。
(女性50歳 農業)
愛用歴○○年
元気の秘訣は○○にあり
なんでそんなに元気なのって、よくいわれます。
(女性50歳 主婦)
愛用歴○○年
その歳に見えないと、よくいわれます。
(女性50歳 農業)
愛用歴○○年
お申し込み、お電話は……
00-0000-0000
http://www.○○○.co.jp
○○の無料セットが欲しい方へ。
家族の健康のために○○に替えたいけれど
初めての商品をいきなり買うのはちょっと…
とお考えの方のために、いまなら無料でプレゼント
まずは無料試食セットをお試しください！
お申し込み、お電話は…
00-0000-0000
http://www.○○○.co.jp

ているキャッチコピーと売れていないキャッチコピーの質の差が激しいといえるでしょう。多くのチラシ・ＤＭ・ホームページを見て勉強をすることも大切です。

おわりに

今回は３つの事例をメインに書きました。

・不動産の売却物件募集チラシ
・オール電化製品ＤＭ
・加齢臭専門サプリホームページ

色々な事例があるなかで、なぜこんなにも変わった３つの事例をメインに書いたのか？

それは……

・金額が高いから反応が取れないいんじゃない。
・地方だから反応が取れないいんじゃない。
・認知度がないから反応が取れないいんじゃない。

ということをあなたに知って欲しかったのです。

通常では反応を取るのが難しいと言われているこれらのビジネスでも上手くいったやり方なのですから、あなたのビジネスならもっと上手くいくはずです。

私は多くの相談者を見て来てわかったことがあります。それはまず、世の中にはあなたの商品・あなたのサービス、そして何よりもあなた自身との出会いを待っている人が必ずいます。難しく考えることはありません。あなたがお客様から喜ばれていることを他のお客様たちにわかりやすく伝えるだけでいいのです。

しかし、本のなかでも書きましたがあなたがお客様から本当に喜ばれていることは当たり前になっている事が多く、自分ではわかりません。なので自分で考えていてはいつまでたってもそのよさには気がつかないのです。だからお客様に聞いてほしいのです。

私もいまでこそ販促コンサルタントをやっていますが、最初は自分のよさが全くわかりませんでした。設計事務所時代に販売促進の必要性を目の当たりにして、自分が将来独立する時のためにと一生懸命勉強をしていただけなのです。

自分が将来独立する時のためにと、一生懸命勉強していただけなのですが、そのノウハウをいろいろな所で話していたら、口コミでどんどん広がりいろいろな人から相談を受けて「ありがとうございます。助かりました」と言われるようになったのです。

そこで、はじめて自分の知っているノウハウが人の役に立っているということに気づかされたのです。

コンサルタントになるつもりがなかったのに、今ではありがたいことに全国各地から呼んでいただいてセミナーやコンサルティングを行っているのです。

自分のよさを人から教えてもらわなければ、自分が人の役に立てることがあるということに気づかなかったと思います。

また、自分さえ儲かればいいと成功ノウハウを人に伝えず隠し持っていたら、周りは解らず口コミが生まれなかったかもしれません。

多くの人を喜ばせることが出来なければ、こうやって本を出版できなかったかもしれません。ということはこの本を読んでいただいているあなたとも出会えなかったのです。

世の中にはその人にしか出来ないことが必ずあります。なぜなら一人として同じ経験・同じ人生を歩んできた人はいないのです。

たいしたことないと思わないでください。あなたにとってたいしたことなくても他の人からみればすごいことなのですから……。

お客様に喜ばれている事は何か？お客様の役に立てることは何か？と常々考えながら一生懸命ビジネスをやってみてください。きっとあなたを応援してくれる人が現れます。

私もそうでした。販売促進コンサルタントになってから、多くのよい商品・よい会社を世の中に知ってもらい、そして世の中の人に喜んでもらいたい、という思いでビジネスをやっていたら、心の底から応援してくれる多くの人たちと出会うことができました。

今回の出版もそうです。この出版には本当に多くの方がかかわっています。私のまとまりのない話を上手く伝わるように教えてくれた宇治川さん。

妊婦なのに一生懸命企画を通してくれた児玉さん。その後引き継いでくれた高野倉さん。ダイヤモンド社を紹介してくれた松田さん。宇治川さんとの出会いを作ってくれた立石さん。いつも適切なアドバイスで導いてくれたマーケティングトルネードの佐藤先生。三現主義の重要性を教えてくれた三好さん。広告制作会社で広告の作り方を教えてくれた三輪さん、小川さん。カナダ留学時代一生懸命仕事をすることの大切さを教えてくれた此上さん、渡邉さん。ホンダディーラー時代から応援してくれた神永さん、梶岡さん。今回の出版に当たり、事例紹介にご協力いただいた皆様、紙面の都合でご紹介できませんでしたが、様々な事例を出していただいた皆様、そしていつも応援してくださる皆様。また家族の支えや父親母親が私をこのように育ててくれなかったら今の自分がなかったと思います。

本当に多くの方の応援があってこの本を出す事ができたのです。誰一人かけていても今の自分はなかったですし、本の出版はできなかったと思います。

多くの人に出会えると応援してくれる人に必ず出会えます。ぜひあなたもお客様が少しでも喜んでくれるようにやってみてください。きっとお客様という垣根を越えてあなたを応援してくれる人が現れます。

もう一度思い出してください。
・あなたはなぜその仕事を始めたのですか？
・あなたはなぜその商品を薦めるのですか？
その気持ち、その想いをお客様に伝えて下さい。小手先のテクニックではなく、「思いやり」を持って……。

正しい広告の作り方、正しい販促のやり方、正しい一歩を知ったあなた。

あとは行動するだけです。

あなたの想いを伝える広告を作って、世の中の人を一人でも多く喜ばせて上げてください。

それがあなたの使命だから……。

この本の出版が決まった半年前、私は脳内出血をおこし緊急入院をすることになりました。生命を維持するために必要なすべての神経が集まっている脳幹部分から出血したので、医者からはもう少し出血量が多ければ命はなかったと言われました。

幸い発見が早かったので大事には至りませんでしたが、その出来事があった半年後に出版の話が決まったので、神様が本を出しなさいというメッセージだと思って一生懸命書きました。

お客様アンケートから広告を作るという当たり前でシンプルな内容の本ですが、テクニックばかりが先行するこの世の中で、広告を作る方が一番最初に読んでもらえる本、上手くいかないときに振りかってもらえる本、何よりお客様に喜んで買ってもらいたいと思っている方に読んでもらえる本であればと思います。

この本が一人でも多くの方の参考になれば幸いです。

たくさんある本の中からこの本を手に取っていただき、ありがとうございました。あなたを応援しています。

２００９年４月

販売促進コンサルタント　岡本達彦

［著者］
岡本達彦（おかもと・たつひこ）
販促コンサルタント
中小企業の販促のやり方を知り尽くしている販促専門コンサルタント。広告制作会社時代に100億円以上の販促展開を見てきてわかった、売上が増えるチラシ・DM・ホームページなどの販促ツールのノウハウだけでなく、長期的に売上が上がる戦略のノウハウも持っている。高確率で業績が上がるアドバイスは好評で、現在は全国からコンサルティングの依頼だけでなく公的機関等から販促セミナーの依頼が殺到している。
〈ホームページ〉 http://www.1ap.jp/

「A4」1枚アンケートで利益を5倍にする方法

2009年5月14日　第1刷発行
2010年11月18日　第8刷発行

著　者――岡本達彦
発行所――ダイヤモンド社
〒150-8409　東京都渋谷区神宮前6-12-17
http://www.diamond.co.jp/
電話／03･5778･7236（編集）03･5778･7240（販売）
装丁――――萩原弦一郎（デジカル）
本文デザイン･DTP――玉造能之（デジカル）
製作進行――ダイヤモンド・グラフィック社
印刷――――堀内印刷所（本文）・加藤文明社（カバー）
製本――――川島製本所
編集担当――児玉真悠子

ISBN 978-4-478-00785-3